...ions DU COMITÉ CENTRAL DES ŒUVRES D'ASSISTANCE
PAR LE TRAVAIL

LES ŒUVRES D'ASSISTANCE
PAR LE TRAVAIL

1° LEUR ORGANISATION ; LEUR FONCTIONNEMENT
2° LE COMITÉ CENTRAL ; RÉSUMÉ DE SES OPÉRATIONS

COMITÉ CENTRAL

BUREAU

Président : M. JULES SIMON.
Vice-Prés¹ : M. FERDINAND DREYFUS.
Secrétaire général : D¹ P. BOULOUMIÉ.

Secrétaire général adjoint : M. G. FRÉNOY.
Secrét. : M⁰ A. DESEILLIGNY, A. TRÉZEL.
Trésorier : M. LECOINTE.

CONSEIL D'ADMINISTRATION

MM. D¹ PAUL BEZANÇON, ancien interne des hôpitaux.

RAOUL BOMPARD, D¹ en droit, vice-président du Conseil munic. de Paris.

D¹ P. BOULOUMIÉ, O. ✳, O. ۩, médecin à Vittel, secrétaire général de l'Union des Femmes de France.

BRUEYRE, ✳, membre du Conseil supérieur de l'Assistance publique au Ministère de l'Intérieur.

A. CAMPROGER, ✳, payeur général, en retraite, président de la Société d'Assistance par le travail des 8° et 17° arrondissements.

H. DEFERT, ✳, avocat au Conseil d'Etat et à la Cour de Cassation, fondateur de l'Œuvre du travail du Marché Saint-Germain.

ALFRED DESEILLIGNY, avocat à la Cour d'Appel.

FERDINAND-DREYFUS, avocat à la Cour de Paris, ancien député, membre du Conseil supérieur des prisons.

G. FRENOY, avocat au Conseil d'Etat et à la Cour de Cassation.

FLANDIN, ✳, cons¹ à la Cour de Paris.

GRAS, administrateur délégué de l'Union française pour le sauvetage de l'Enfance.

GROSSETESTE-THIERRY, industriel.

GUILLOT, ✳, juge d'instruction, membre de l'Institut, secrétaire général du Comité de défense des enfants traduits en justice.

A. HÉBRARD, sénateur, dir¹ du *Temps*.

le D¹ W. DOUGLAS-HOGG, ✳, administrateur des Œuvres d'assistance anglaise à Paris.

MM. L.-L. KLOTZ, avocat à la Cour d'Appel, publiciste.

LECOINTE, avocat au Conseil d'Etat et à la Cour de Cassation.

L. LEFEBURE, ✳, ancien député, fondateur de l'Office central des institutions charitables.

M. MONOD, O. ✳, directeur de l'Assistance et de l'Hygiène publiques au Ministère de l'Intérieur.

CH. MOREL D'ARLEUX, notaire honor¹⁰

CHARLES PETIT, O. ✳, conseiller à la Cour de Cassation, ancien président de la Société générale des prisons.

DE PULLIGNY, ingénieur des Ponts et Chaussées, délégué de l'Office du Travail.

ALBERT RIVIÈRE, ancien magistrat, secrétaire général de la Société générale des prisons.

LOUIS RIVIÈRE, administrateur de la Société Philanthropique.

Pasteur ROBIN, fondateur de la Maison hospitalière pour les ouvriers sans asile et sans travail.

PAUL SCHMIDT, fondateur président de la Société du travail de Paris.

JULES SIMON, ✳, sénateur, membre de l'Académie française, secrétaire perpétuel de l'Académie des sciences morales et politiques.

G. TRELAT, ✳, architecte, professeur à l'Ecole spéciale d'architecture.

TRÉZEL, avocat au Conseil d'Etat et à la Cour de Cassation.

FELIX VOISIN, O. ✳, conseiller à la Cour de Cassation, président de la Société de protect. des engagés volon

PARIS
AU SIÈGE SOCIAL, 14, PLACE DAUPHINE
1896

BONS DE TRAVAIL DU COMITÉ CENTRAL

Il est délivré des BONS DE TRAVAIL à tout membre du COMITÉ CENTRAL DES ŒUVRES D'ASSISTANCE PAR LE TRAVAIL (payant une cotisation de 10 francs minimum), qui en fait la demande.

Ces *bons* sont destinés à être remis, au lieu d'aumône, aux *solliciteurs valides des deux sexes*.

Chaque bon porte avec son nº d'ordre le nº matricule de l'adhérent au Comité central, afin que le donateur puisse garder l'anonymat vis-à-vis de l'assisté et, néanmoins, être renseigné sur l'usage fait de ses bons.

Les bons présentés aux Œuvres adhérentes et réalisés en travail sont retournés, tous les mois, au Comité central qui les rembourse à celles-ci au prix de 1 fr. 50 l'un.

Les Œuvres adjoignent à chacun de ces bons ainsi retournés une *fiche de renseignements* sur le bénéficiaire. Cette fiche est communiquée à l'adhérent donateur des bons, s'il le désire.

Le travail EXIGÉ des assistés dans les établissements est toujours d'*exécution facile*, sans apprentissage.

Ce travail est un *travail d'attente, essentiellement temporaire*, en échange duquel le *logement* et la *nourriture* sont donnés ou assurés à l'assisté.

Toutes les Œuvres adhérentes s'occupent gratuitement du *placement* de leurs assistés.

COMITÉ CENTRAL DES ŒUVRES DU TRAVAIL

SIÈGE SOCIAL, 14, PLACE DAUPHINE, PARIS

Nº d'ordre

Nº matricule

BON DE TRAVAIL

À PRÉSENTER

DANS L'UN DES ÉTABLISSEMENTS DÉSIGNÉS CI-CONTRE

Délivré à

le

NOTA. — Le travail étant la condition essentielle de l'Assistance, ce bon ne donne droit à une allocation en argent ou en nature, qu'après exécution consciencieuse du travail réglementairement exigé dans l'établissement.

Tout assisté domicilié dans un arrondissement pourvu d'un établissement d'assistance par le travail ne doit, régulièrement, être admis que dans cet établissement.

VERSO

ÉTABLISSEMENTS DANS LESQUELS CE BON PEUT ÊTRE PRÉSENTÉ

Maison hospitalière pour les ouvriers sans asile et sans travail, rue Fessart, 36 (travail pour hommes seulement, sans condition de domicile). — Se présenter le matin et au plus tard avant 2 heures.

Société d'assistance par le travail du IIᵉ arrondissement (pour assistés domiciliés dans le IIᵉ arrondissement), place des Petits-Pères.

Société d'assistance des VIIIᵉ et XVIIᵉ arrondissements, 17, rue Saineuve (travaux pour hommes domiciliés dans les VIIIᵉ et XVIIᵉ arrondissements). — Se présenter de 8 h. à 9 h. ou de midi à 1 heure.

Union d'assistance par le travail du VIᵉ arrondissement, marché Saint-Germain (travaux pour hommes et pour femmes, sans condition de domicile). — Se présenter de 8 h. à 10 h. le matin ou de midi à 2 heures.

Ouvroirs-Ateliers pour Femmes

Domiciliées dans le IVᵉ Arrondissement, 9, rue Saint-Paul.

»	XVᵉ	129 bis, rue Saint-Charles.
»	XVIIIᵉ	13, rue Cavé.

(Se présenter de midi à 2 heures).

Société d'assistance par le travail de Courbevoie (pour hommes et femmes domiciliés à Courbevoie).

Union d'assistance du XVIᵉ arrondissement, rue des Pâtures, 4 bis, à Auteuil (travail pour hommes et femmes domiciliés dans le XVIᵉ arrondissement). Se présenter de 8 h. à 9 h. et de 1 h. à 2 h., excepté les jeudis et dimanches.

Pour se procurer des carnets de bons écrire à :

Monsieur l'Agent du COMITÉ CENTRAL DES ŒUVRES DU TRAVAIL, *Maison* MARCHAL ET BILLARD, *éditeurs,* 27, *place Dauphine, à Paris.*

Prière d'écrire très lisiblement le nom et l'adresse.

Chaque souscription de 10 francs permet d'acquérir 3 carnets de 10 bons au prix de 1 fr. 50 le carnet (souscriptions de 20 francs, 6 carnets, etc.) — Les souscriptions sont renouvelables au cours de l'année sans que le nombre des carnets délivrés puisse dépasser 15, soit 150 bons.

PUBLICATIONS DU COMITÉ CENTRAL DES ŒUVRES D'ASSISTANCE
PAR LE TRAVAIL

LES ŒUVRES D'ASSISTANCE
PAR LE TRAVAIL

1° LEUR ORGANISATION ; LEUR FONCTIONNEMENT
2° LE COMITÉ CENTRAL ; RÉSUMÉ DE SES OPÉRATIONS

COMITÉ CENTRAL
BUREAU

Président : M. JULES SIMON.
Vice-Prés : M. FERDINAND-DREYFUS.
Secrétaire général : D' P. BOULOUMIÉ.

Secrétaire général adjoint : M. G. FRÉNOY.
Secrét. : M'' A. DESEILLIGNY, A. TRÉZEL.
Trésorier : M. LECOINTE.

CONSEIL D'ADMINISTRATION

MM. D' PAUL BEZANÇON, ancien interne des hôpitaux.

RAOUL BOMPARD, D' en droit, vice-président du Conseil munic. de Paris.

D' P. BOULOUMIÉ, O. ✳, O. ᕼ, médecin à Vittel, secrétaire général de l'Union des Femmes de France.

BRUEYRE, ✳, membre du Conseil supérieur de l'Assistance publique au Ministère de l'Intérieur.

A. CAMPROGER, ✳, payeur général, en retraite, président de la Société d'Assistance par le travail des 8° et 17° arrondissements.

H. DEFERT, ✳, avocat au Conseil d'Etat et à la Cour de Cassation, fondateur de l'Œuvre du travail du Marché Saint Germain.

ALFRED DESEILLIGNY, avocat à la Cour d'Appel.

FERDINAND-DREYFUS, avocat à la Cour de Paris, ancien député, membre du Conseil supérieur des prisons

G. FRÉNOY, avocat au Conseil d'Etat et à la Cour de Cassation.

FLANDIN, ✳, cons' à la Cour de Paris.

GRAS, administrateur délégué de l'Union française pour le sauvetage de l'Enfance.

GROSSETESTE-THIERRY, industriel

GUILLOT, ✳, juge d'instruction, membre de l'Institut, secrétaire général du Comité de défense des enfants traduits en justice.

A. HÉBRARD, sénateur, dir' du *Temps*

le D' W. DOUGLAS-HOGG, ✳, administrateur des Œuvres d'assistance anglaise à Paris.

MM. L.-L. KLOTZ, avocat à la Cour d'Appel, publiciste.

LECOINTE, avocat au Conseil d'Etat et à la Cour de Cassation.

L. LEFEBURE, ✳, ancien député, fondateur de l'Office central des institutions charitables.

M. MONOD, O. ✳, directeur de l'Assistance et de l'Hygiène publiques au Ministère de l'Intérieur.

CH MOREL D'ARLEUX, notaire honor''

CHARLES PETIT, O. ✳, conseiller à la Cour de Cassation, ancien président de la Société générale des prisons.

DE PULLIGNY, ingénieur des Ponts et Chaussées, délégué de l'Office du Travail.

ALBERT RIVIÈRE, ancien magistrat, secrétaire général de la Société générale des prisons.

LOUIS RIVIÈRE, administrateur de la Société Philanthropique.

Pasteur ROBIN, fondateur de la Maison hospitalière pour les ouvriers sans asile et sans travail.

PAUL SCHMIDT, fondateur président de la Société du travail de Paris.

JULES SIMON, ✳, sénateur, membre de l'Académie française, secrétaire perpétuel de l'Académie des sciences morales et politiques.

G. TRÉLAT, ✳, architecte, professeur à l'Ecole spéciale d'architecture.

TRÉZEL, avocat au Conseil d'Etat et à la Cour de Cassation.

FELIX VOISIN, O. ✳, conseiller à la Cour de Cassation, président de la Société de protect. des engagés volon.

PARIS
AU SIÈGE SOCIAL, 14, PLACE DAUPHINE

1896

PRÉFACE

Vulgariser l'idée de *l'assistance par le travail*, en généraliser les applications, en déterminer les moyens pratiques. Faire connaître par tous les moyens en son pouvoir les œuvres existantes, — les grouper et leur servir de trait-d'union, tout en laissant à chacune son entière autonomie, — faire comprendre au public leur mécanisme et leur fonctionnement, — en faire ressortir l'utilité et les bienfaits, — élargir et développer leur action, — provoquer partout, par une active propagande, en province comme à Paris, et tout d'abord dans les grands centres, la création d'œuvres similaires ou s'inspirant de la même pensée, et, pour cela, réunir des ressources suffisantes afin de leur apporter le plus efficace de tous les concours, celui de l'argent, — faire pénétrer ainsi, chez ceux qui donnent, l'idée qu'il vaut mieux distribuer des *bons de travail* que des aumônes, voire des bons de pain ou autres, trop facilement négociables, — accréditer en même temps, chez ceux qui demandent, l'opinion qu'ils n'ont rien à attendre de la commisération publique, s'ils ne veulent pas travailler, et décourager par là les mendiants de profession en rendant improductif leur métier de prédilection, — faire savoir à l'ouvrier sans travail qu'il peut, pendant les chômages, trouver à vivre honorablement d'un travail d'attente, aider ainsi le travailleur momentanément sans ouvrage et lutter en faveur des vrais pauvres contre les mendiants de profession, tel est le but du Comité central des OEuvres d'assistance par le travail.

Son devoir est de faire connaître, par ses écrits, l'assistance par le travail et les moyens de la pratiquer. C'est l'objet de cette publication.

L'ASSISTANCE
PAR LE TRAVAIL

La question *de l'assistance par le travail* est depuis quelques années à l'ordre du jour de l'opinion publique. Sa solution s'impose tant comme un moyen de protéger efficacement le travailleur momentanément sans ouvrage, que pour *prévenir et combattre le vagabondage et la mendicité* qui vont croissant de jour en jour : les efforts du Comité central des œuvres du travail ont largement contribué au courant d'opinion qui se manifeste dans ce sens.

Tout le monde reconnaît aujourd'hui que si la société doit des secours à ceux que l'âge ou les infirmités mettent dans l'impossibilité de travailler ou de suffire à leurs besoins en travaillant, elle n'en doit pas à ceux qui peuvent et par conséquent doivent vivre par leur travail. Chacun sait qu'à côté d'infortunes réelles dues à la maladie ou au chômage et dignes de toutes les sollicitudes, il y a beaucoup de fausses misères, misères superficielles, et pour ainsi dire volontaires qu'on étale aux yeux du public et dont on fait véritablement métier et que la « *mendicité professionnelle* » est une industrie toujours prospère et qui ne connaît pas de chômages. Il n'y a plus lieu d'insister là-dessus ; mais, bien que reconnaissant qu'il est plus moral et plus utile de fournir du travail à celui qui en manque que de lui faire l'aumône de quelques sous, tout le monde n'est pas également convaincu de la possibilité d'organiser cette assistance par le travail, dont on entrevoit seulement les bienfaits, et de la faire fonctionner d'une manière pratique.

Pourtant aujourd'hui l'épreuve est faite, des œuvres la pratiquant, suivant des modes diverss, se sont fondées et fonctionnent dans un grand nombre de villes qui ont substitué le *bon de travail* à *l'aumône* pour *l'individu valide*.

Pour convaincre les uns et encourager les autres, le Comité central des œuvres du travail qui s'est donné pour mission de vulgariser l'idée de l'assistance par le travail, d'en déterminer et d'en généraliser la pratique, doit faire connaître les œuvres existantes, leur fonctionnement et les résultats obtenus; il le fera en rééditant ici ses comptes-rendus annuels, mais il doit tout d'abord rappeler les principes généraux de l'Assistance par le travail.

Organisation générale de l'Assistance par le Travail

L'Assistance par le travail s'adresse exclusivement aux nécessiteux valides, nécessiteux accidentels ou mendiants de profession, c'est-à-dire à tous ceux qui peuvent travailler, laissant à l'Assistance publique le soin de pourvoir aux besoins des nécessiteux malades ou infirmes.

Elle a pour *but* :

1º De fournir aux premiers une *occupation temporaire* et de leur donner ainsi un moyen honorable de gagner leur vie en attendant qu'ils aient trouvé un emploi ou un travail permanent et régulier, et de seconder leurs efforts dans la recherche de ce travail ;

2º De rendre progressivement aux seconds, avec l'habitude du travail, le sentiment de leur dignité personnelle.

Elle doit avoir pour *effet :*

De réduire dans de larges proportions, sinon de supprimer tout à fait, le vagabondage et la mendicité.

Elle ne doit pas être un simple déguisement de l'aumône ; elle doit être un moyen sérieux de soutien pour le travailleur malheureux et un moyen de relèvement pour celui qui a déjà failli.

Parmi les œuvres que nous appelons les œuvres d'assistance par le travail, il faut distinguer :

1° *Les Œuvres d'Assistance par le travail* proprement dites, qui, en donnant du travail, font de ce travail la condition essentielle de l'assistance ;

2° *Les Œuvres de Placement* qui aident gratuitement à la recherche du travail.

Ces Œuvres se subdivisent suivant :

Le mode d'assistance : à domicile, dans des ateliers ou dans des asiles ;

Le genre de travail : banal ou spécial ;

Et le mode de rémunération : argent, aliments, vêtements, coucher, prime de placement ou de sortie.

Quelques-unes s'adressent à des catégories particulières d'individus, vieillards valides, femmes enceintes, aveugles par suite d'accident ou de maladie, etc., etc.

Toutes ont ce trait commun qu'elles tendent à *procurer à l'assisté un travail permanent, mais ne lui fournissent qu'un travail temporaire*, le caractère temporaire du travail étant la condition essentielle, la base fondamentale de toute bonne organisation de ce genre.

Parmi les *Œuvres d'Assistance par le travail*, les unes pratiquent l'assistance à domicile, les autres l'assistance dans des ateliers, et parmi celles-ci les unes donnent asile à leurs assistés, d'autres les logent dans des garnis du voisinage, d'autres enfin ne se préoccupent pas de leur logement.

L'assistance à domicile s'adresse particulièrement aux mères de famille et aux ouvriers pouvant être employés à domicile ou au dehors à un travail spécial (cordonniers, tailleurs, vanniers, maçons, menuisiers, etc.).

L'assistance dans les ateliers s'adresse à tous les individus, même aux mères de famille avec enfants en bas-âge dans quelques-unes (ouvroirs-ateliers pour femmes fondés par Mme Ferdinand Dreyfus).

L'assistance dans les asiles, maisons hospitalières, refuges-ouvroirs s'adresse aux individus sans domicile et sans famille.

Quant aux *Œuvres de Placement*, elles se définissent par leur titre même. Elles sont le complément nécessaire, l'annexe indispensable de toute Œuvre d'Assistance par le travail, qui ne fournit qu'un travail *temporaire*, un *travail d'attente*, mais qui a pour objectif de maintenir ou de ramener les nécessiteux dans la voie du *travail régulier*. Mais cette annexe peut être une œuvre de placement fonctionnant à côté de l'Œuvre d'assistance, étant en relations suivies et régulières avec celle-ci, mais n'en faisant pas partie.

Disons toutefois que le placement doit s'entendre d'une manière large et compréhensive. Il ne s'agit pas seulement de l'emploi ou du travail procuré à l'assisté dans la ville où est situé l'établissement d'assistance, il s'agit aussi de son rapatriement; non pas, bien entendu, du rapatriement tel qu'il se pratique trop souvent, où le rapatrié ne se met bien souvent en route que pour la forme et, une fois arrivé à destination et même avant, n'a rien de plus pressé que de revenir à la ville, mais d'un rapatriement sérieux soit dans le pays d'origine où des *Unions d'Assistance par le travail* auront été organisées, soit dans des colonies agricoles. Il s'agit même de faire œuvre de colonisation en prenant les individus valides avec ou sans famille, surtout ceux qui ont une famille, choisis avec discernement, en les poussant à aller coloniser en Algérie ou ailleurs sur les points de nos possessions où on aura préalablement organisé des Œuvres d'assistance pour les recevoir et les aider jusqu'à ce qu'ils soient en état de se suffire à eux-mêmes.

Ces principes posés, voyons quelle organisation a été donnée et doit être donnée à chacune des deux branches qui composent l'assistance par le travail, la *branche Assistance* et la *branche Placement*.

Nous verrons ensuite quels sont les modes divers de fonctionnement adoptés et quels sont les résultats obtenus.

L'Assistance par le Travail.

L'organisation de l'Assistance par le travail comporte trois objets principaux :

1° L'établissement d'assistance par le travail et son installation ;

2° Le mode d'admission dans cet établissement et la durée de l'assistance ;

3° La nature du travail et son mode de rémunération.

Établissements d'Assistance par le Travail.

A Paris, il y a deux sortes d'établissements, des établissements généraux ouverts à tout venant sans condition de domicile, et des établissements d'arrondissement ou de quartier ouverts aux seuls habitants de l'arrondissement ou du quartier, mais ces derniers tendent de plus en plus à disparaître et cela pour plusieurs raisons :

Dans les grands centres, un grand nombre d'ouvriers et autres individus sans travail régulier n'ont pas de domicile fixe ; ils ne sont d'aucun quartier, d'aucun arrondissement.

Le temps manque pour se renseigner sur l'exactitude de l'indication de domicile ; on ne peut guère refuser le travail à celui qui le sollicite comme moyen honorable d'existence, alors qu'on ne sait pas s'il trouvera de la place ailleurs. Nous recommandons toutefois de renvoyer autant que possible les sans-travail dans leurs quartiers respectifs, lorsque ceux-ci sont pourvus d'un établissement d'assistance par le travail. A ce titre, il est à souhaiter qu'il se crée des établissements de travail sur divers points de la capitale, mais en pratique il nous paraît suffisant qu'il y ait un atelier pour deux arrondissements et qu'un arrondissement riche s'associe à un établissement pauvre.

Cette organisation évite l'excès des frais généraux et permet de renvoyer chaque solliciteur, sinon dans son quartier, du moins dans sa région, où, étant connu, il peut recevoir l'assistance qu'il mérite, sans pouvoir exploiter, aux dépens des vrais pauvres, simultanément le bureau de bienfaisance, les personnes charitables et les institutions de la charité privée, comme cela se pratique si largement.

Dans les villes de province, il n'y a généralement qu'un établissement d'Assistance par le travail ; parfois cependant il y en a deux, un pour les hommes et un pour les femmes. L'assistance aux femmes y est toutefois généralement pratiquée sous forme de travail à domicile.

L'installation doit être des plus simples. Pas de luxe, pas de monuments, pas de grandes agglomérations. Une maison quelconque avec une cour couverte, suffisamment spacieuse pour y loger la marchandise et y installer les travailleurs à l'abri des intempéries, le tout approprié pour la circonstance, en se préoccupant surtout de ces deux choses essentielles : l'hygiène pratique et la propreté absolue qui en est le facteur principal.

Quant à l'*organisation intérieure*, rien d'officiel, rien d'administratif, mais quelque chose d'intime et de familial. Pour la *direction*, une main bienveillante et énergique à la fois ; pour la *surveillance*, des chefs de chantiers ou d'ateliers capables de faire exécuter un bon travail.

Le choix du personnel dirigeant a, dans des institutions de ce genre, une telle importance qu'on peut dire : tant vaut le personnel, tant vaut l'institution ; celle-ci ne vaut en effet que par la manière dont elle fonctionne. Une des principales préoccupations de ceux qui veulent fonder des établissements d'Assistance par le travail doit être le choix d'un bon personnel.

L'établissement de travail doit établir un lien entre le Directeur et l'Assisté, de façon que celui-ci s'y sente soutenu moralement comme il y est aidé matériellement, et que, après sa sortie, il n'oublie pas l'appui qu'il y a trouvé dans un moment difficile.

Mode d'admission et durée de séjour.

Admission. — L'admission dans les établissements existant a lieu :

1º Directement, sans bon, sans enquête ou formalités quelconque ;

2º Sur présentation de bons émis par les œuvres et sans enquête ;

3º Sur présentation d'un ticket et après enquête (ce mode est à peu près absolument abandonné) ;

4º Sur recommandation d'un membre de l'OEuvre ;

5º Sur recommandation suivie d'enquête ;

6º Sur carte d'admission délivrée par la préfecture (à Paris, pour les refuges-ouvroirs municipaux) ;

7º Sur simple lettre d'un magistrat de l'ordre administratif, municipal ou judiciaire (maison de Nanterre).

L'admission d'emblée ou sans formalités, ainsi qu'elle se pratique à l'Hospitalité du Travail (avenue de Versailles), a sa raison d'être et l'aura encore lorsque l'assistance par le travail sera entrée dans la pratique courante de la charité, parce qu'il y aura toujours des gens qui demanderont directement à entrer dans un asile de travail plutôt que de tendre la main, même pour demander le bon permettant d'y être admis.

Mais du moment qu'il s'agit de substituer le travail à l'aumône, il faut fournir au public charitable le moyen de donner quelque chose au solliciteur qui l'arrête dans la rue ou l'assiège à sa porte, et pour cela il faut qu'il existe des *bons de travail* pouvant donner au porteur accès dans un ou plusieurs établissements de travail.

Enquête. — L'enquête au moment de l'admission n'est pas nécessaire, à la condition toutefois que, dès son entrée, l'assisté se mette à l'ouvrage. Il y a dans ce fait une garantie suffisante et une sorte de présomption de la sincérité de la misère et du désir d'y échapper par un effort honorable qu'il faut encourager.

L'enquête ne paraît nécessaire que lorsque l'assisté demande, en raison de charges de famille ou autres motifs par lui allégués, soit une rémunération supplémentaire de son travail, soit le patronage de l'Œuvre qui l'assiste.

Les Établissements d'Assistance par le travail, quels qu'ils soient, ont dans tous les cas le devoir d'exiger de l'assisté, au moment de son admission, la justification de son identité.

Durée du séjour ou de l'assistance. — Le travail étant la condition de l'assistance, tout individu s'y refusant doit être immédiatement renvoyé de l'établissement ou rayé de la liste des assistés à domicile.

D'autre part, le travail fourni étant essentiellement temporaire, la durée doit en être nécessairement limitée ; cette limite pourra varier suivant les circonstances, les milieux et les nécessités locales, mais il faut toujours qu'il y en ait une.

Travail, sa nature et son mode de rémunération.

Nature du travail. — C'est là, il faut le reconnaître, un des points les plus délicats de l'organisation de l'assistance par le travail ; au début, on s'est heurté à de nombreuses préventions avec lesquelles il fallait compter : en voulant assister par le travail, disait-on, n'est-ce pas, sous un autre nom, marcher à la constitution d'ateliers nationaux, sanctionner le droit au travail pour tous dans les grandes villes ? En faisant travailler ainsi ne va-t-on pas, sous couleur d'assistance, créer une concurrence redoutable au commerce et à l'industrie, et aboutir à un surcroît de production aussi désastreux pour le fabricant de profession que pour l'ouvrier de métier ? En un mot, ne va-t-on pas faire en grand de la fabrication à bon marché, augmenter encore la concurrence des couvents, des ouvroirs, du travail des prisonniers, et n'aboutira-t-on pas, en fin de compte, à l'avilissement des salaires ?

A ces objections et à ces légitimes préoccupations, la pratique a répondu et notre enquête nous a montré que nulle part les ouvriers ou les industriels ne se sont plaints et n'ont considéré comme une concurrence le travail exécuté dans les établissements d'assistance par le travail.

C'est que le travail exécuté est un travail banal, n'exigeant, il est vrai, aucun apprentissage, mais ne donnant lieu qu'à une bien faible production et ne procurant par lui-même qu'un bien faible salaire.

Les travaux exécutés sont :

Pour les hommes : des travaux de sciage et fente de bois ; la fabrication de petits fagots d'allumage, le cassage et triage de coke ; le cassage de pierres ; des travaux de balayage supplémentaires ; le ramassage de crottin dans les rues des grandes villes ; le coupage de poils de lapin, de tissus de laine (pour « renaissance ») ; le battage de tapis ; le triage de chiffons ; l'utilisation de déchets de toutes sortes : vieux cordages, vieux corsets, etc. ; la fabrication de vannerie commune ; des écritures pour copies, publicité, etc., etc.

Pour les femmes : les travaux d'aiguille en général ; le blanchissage, le repassage ; le raccommodage de sacs et autres objets communs ; la fabrication de sacs en papier ; des effilochages ; le défonçage des vieux corsets et l'éventaillage des corsets à bas prix ; divers travaux simples en fausses perles, etc., etc.

Quelques-uns de ces travaux sont communs aux deux sexes.

Ce travail ne porte jamais et ne doit jamais porter que sur des matières d'une valeur intrinsèque peu élevée et le produit en est et doit en être de consommation courante.

Il ne demande et ne doit demander qu'un outillage des plus simples, des moins dispendieux et d'un entretien des plus faciles.

Les prix de vente des divers objets fabriqués ne sauraient être inférieurs aux prix courant du commerce pour les objets similaires. Il ne l'est jamais en réalité.

Il n'y a donc pas à craindre qu'une atteinte appréciable

soit portée à des intérêts commerciaux ou autres, sérieux et respectables par l'assistance par le travail.

Rémunération. — Le chômage et la paresse étant les deux facteurs principaux de la mendicité, il est nécessaire de prévenir le désœuvrement de l'assisté en lui imposant un travail utile et rémunéré. Cette rémunération doit être pour lui un encouragement comme le travail est un soutien.

La rémunération est calculée par heure, par journée, demi-journée et de préférence à la tâche toutes les fois que ce dernier mode de calcul est praticable. Elle consiste en argent, aliments, vêtements, coucher, fournis à l'assisté, et, quand il est possible, en une prime, dite de placement ou de sortie, remise à celui qui quitte l'établissement avec un emploi ou un travail régulier et qui a besoin cependant d'être encore aidé pour sa nourriture et son logement jusqu'au jour de la paye. Cette prime peut être augmentée d'une somme variable représentant ce que l'assisté a pu gagner par son travail en plus de ce qu'il a coûté à l'établissement du travail, mais hélas ! l'assisté coûte généralement beaucoup plus qu'il ne produit.

Cette rémunération n'a d'ailleurs rien de la fixité d'un salaire. Elle est susceptible d'augmentations sous la forme de suppléments pour l'assisté chargé de famille.

Gérée avec la plus stricte économie, tout ce qu'une Œuvre peut faire est de se suffire avec les ressources normales fournies par les cotisations de ses adhérents. Toujours il faut ajouter, plus ou moins, il est vrai, mais toujours quelque chose au produit du travail pour parfaire la somme nécessaire à couvrir toutes les dépenses et joindre, comme on dit, les deux bouts. Il convient de tenir compte, en effet, de l'inhabileté et de l'insuffisance des travailleurs, les uns paresseux et inexpérimentés, les autres débiles ou affaiblis par l'âge ou les privations, d'autres encore devenus par la désuétude du travail incapables d'efforts. Il faut, d'autre part, pourvoir aux frais généraux considérables consistant en frais de nourriture, de logement ou de rémunération correspondante, en achat de matériel, frais de location, frais d'acquisition de matières premières, de placement, frais divers d'administration.

La rémunération quotidienne en nature ou en argent est toujours supérieure à la valeur du travail produit par l'assisté. La durée du travail varie de 6 heures, minimum, à 9 heures, maximum, afin que le travail produit puisse assurer le payement d'une partie au moins des frais d'entretien, en laissant toutefois à chacun le temps nécessaire à la recherche d'un travail ou d'un emploi régulier.

Placement.

Le placement des assistés, le seul dont nous ayons à nous occuper ici, comprend :

1º Le placement proprement dit ;

2º Le rapatriement ;

3º Le placement provisoire dans des colonies agricoles ;

4º Le placement définitif dans une colonie.

Le *placement*, quel qu'il soit, ne nécessite pas d'autre local que le bureau du Directeur de l'établissement du travail.

Le *matériel* nécessaire se compose de quelques imprimés, de casiers à fiches et d'un cadre-affiche quadrillé destiné à recevoir les offres et demandes d'emploi inscrits sur des fiches de couleur différente suivant qu'il s'agit d'offre ou de demande et si l'on veut d'hommes ou de femmes.

Quant au *personnel*, une seule personne suffit amplement à la besogne, c'est le Directeur ou la Directrice de l'Etablissement.

Cette centralisation entre les mêmes mains du service d'assistance et du service de placement présente, en effet, l'avantage d'opérer plus vite et plus sûrement, le Directeur connaissant mieux que personne ses assistés et étant mieux que personne à même de les interroger, de se faire une opinion sur leur compte, d'après leur passé ou leur conduite dans l'établissement.

Il faut ajouter toutefois, qu'ainsi organisé, le placement, quelques services qu'il puisse rendre, ne suffit pas à lui seul à remplir tout le but qu'on se propose d'atteindre. Il ne s'adresse qu'aux personnes, au demeurant fort nombreuses, qui n'ont pas de profession manuelle déterminée : journaliers, garçons de magasin, employés aux écritures, gens de maison, gardiens surveillants, hommes de peine, garçons marchands de vins, hommes de confiance, employés de commerce, cochers livreurs, bonnes à tout faire, cuisinières, femmes de chambre, femmes de ménage, concierges, couturières, dames de compagnie, bonnes d'enfants, employées de commerce, caissières, gardes-malades, femmes de confiance.

Il est moins pratique en ce qui concerne les ouvriers et ouvrières de profession que les patrons vont chercher sur les grèves et dans des endroits déterminés et connus des intéressés.

Toutefois, les relations que ces œuvres et leurs directeurs entretiennent avec les industriels, entrepreneurs, commerçants de la ville ou de la région et avec les sociétés de placement et les bureaux de placement gratuits, permettent de les aider efficacement dans la recherche d'un travail de leur spécialité.

De plus, le Directeur s'informe des offres de travail ayant un caractère professionnel, qui, dans beaucoup de villes, sont adressées à la mairie par les patrons et aussitôt transcrites sur des petites affiches d'un modèle déterminé et de couleur variée, suivant qu'il s'agit d'ouvriers ou d'ouvrières, et posées chaque jour dans des cadres grillagés placés sur les points les plus fréquentés de la ville, dans les centres les plus populeux.

Rapatriement.

Le rapatriement bien compris est d'un intérêt considérable, mais d'une exécution délicate. Il implique des correspondances et des démarches nombreuses pour trouver assistance, ou travail pour le rapatrié dès son retour au pays ou l'orgarnisation préalable en province d'Unions et de Stations d'assistance sur lesquelles on puisse diriger les rapatriés et qui se chargent de leur venir en aide en attendant qu'ils aient trouvé ou qu'on leur ait trouvé une occupation ou un emploi.

A cet effet, il semble qu'on puisse, du moins à Paris, rencontrer d'utiles auxiliaires dans les Sociétés provinciales, amicales ou de bienfaisance, actuellement existantes, Société Savoisienne, Corrézienne, Vosgienne, etc., etc., qui, toutes, ont leur siège à Paris, et qui paraissent tout naturellement indiquées pour développer une organisation de cette nature. Elles font déjà du rapatriement l'objet principal de leurs libéralités et elles sont mieux que personne en situation d'en assurer la bonne exécution.

Ainsi compris et exécuté, le rapatriement est un acte sérieux au lieu de n'être qu'une promenade ou un voyage, et il produit d'heureux résultats : pour le rapatrié d'abord qu'il replace dans son milieu avec le moyen de s'y faire ou de s'y refaire une existence honorable en travaillant ; pour l'intérêt général ensuite qu'il sert utilement en restituant aux travaux des champs les bras qui leur font défaut, et en rendant la main-d'œuvre française au sol français qui, par l'abandon toujours croissant des campages pour les villes, s'en trouve de plus en plus dépossédé pour le plus grand profit de l'étranger.

Colonies agricoles.

Les colonies agricoles, fournissant un travail temporaire, sont classées, par le décret du 25 juillet 1808 organisant des dépôts de mendicité, comme des moyens propres à prévenir l'indigence et à la soulager ainsi qu'à prévenir et à réprimer le vagabondage.

C'est un complément très utile, presqu'indispensable du

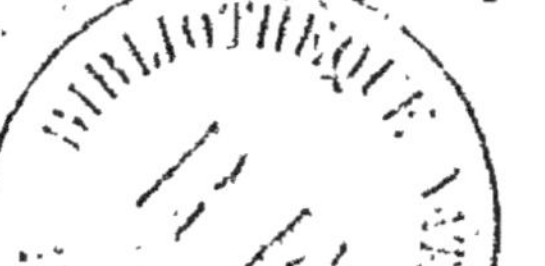

rapatriement à organiser à côté des Unions d'assistance qui viendront en aide aux rapatriés et pareront à leurs premiers besoins.

Il importe de procurer d'abord à l'assisté un refuge temporaire et un secours matériel acquis au prix d'un travail déterminé, puis l'appui bienfaisant d'hommes dont l'influence ne soit pas seulement locale, mais s'étende au loin dans la région, et dont la mission consisterait à l'aider à trouver une occupation permanente.

C'est dans la colonie régionale de travail libre et temporaire (1) que le rapatrié, le nomade, que les Unions n'au-

(1) L'organisation et le fonctionnement de ces colonies agricoles dépendent essentiellement des conditions économiques de la région.

En voici les grandes lignes : dans les centres agricoles, la colonie desservant un département ou plusieurs départements syndiqués consiste en un ensemble de constructions élevées sur des terrains qui, d'un rendement médiocre, difficiles d'accès ou insuffisamment défrichés, sont acquis à bas prix.

Le syndicat qui en devient possesseur aménage les bâtiments existants ou en crée de nouveaux pour subvenir aux besoins d'une population dont le chiffre ne saurait dépasser 200 individus ; il confie la direction de l'œuvre à un homme expert dans la culture des produits du pays et le double d'un contremaître au courant de la fabrication et de la réfection des outils propres à l'agriculture ; un règlement d'ordre inférieur, affiché en maints endroits, stipule la temporanéité d'un travail qui ne saurait être invoqué comme un droit, mais bien comme la forme la plus rationnelle de l'assistance efficace. Des bureaux de placement gratuits composés d'agriculteurs qui tiennent le directeur au courant des emplois vacants dans leur région sont organisés et annexés à la colonie.

La colonie ainsi constituée ouvre ses portes aux nomades et aux rapatriés qui se présentent de leur plein gré ou lui sont envoyés par les Unions d'assistance.

Là ils sont astreints à un travail régulier d'une durée maximum de 3 mois en général et dont la rémunération consiste d'abord en allocation de vêtements et de nourriture, puis en un petit pécule dont la quotité est établie par le décompte des frais de séjour d'une part et du nombre de journées d'autre part, celles-ci étant estimées à un taux un peu inférieur à celui qui est pratiqué dans la région. Ce pécule peut être en partie distribué à intervalles fixes comme argent de poche et en partie réservé pour la sortie.

Dans certains pays on a créé aussi des colonies industrielles sur un modèle analogue. Elles sont dirigées par des chefs d'ateliers.

Les travaux y sont de nature différente suivant les centres dans lesquels elles se trouvent, mais sont bornés généralement à la vannerie, à la boissellerie, aux réparations de petites pièces de machines, à la menuiserie, à l'ébénisterie ordinaire, à la sparterie, etc., aux travaux

raient pu placer, viendrait demander, au prix de son travail, un asile momentané où l'assistance qui lui serait donnée ne saurait être toutefois considérée comme un droit.

C'est le système pratiqué à l'étranger, notamment en Allemagne, où il a donné des résultats économiques et sociaux d'une importance considérable.

Il a l'avantage d'enserrer la foule des nomades et des vagabonds, cette plaie des campagnes, et quelquefois leur terreur, dans un réseau que le concours bienveillant et intéressé des populations rurales pourrait rendre infranchissable.

Placement définitif dans une colonie.

Il conviendrait même de ne pas s'en tenir aux colonies agricoles, et de faire œuvre de colonisation véritable, soit en utilisant les Sociétés de colonisation qui seront autorisées par la loi, soit en provoquant au besoin dans nos possessions coloniales ou dans les pays de protectorat, en Algérie notamment, des centres d'assistance par le Travail, organisés de telle sorte qu'en échange d'un travail d'une durée déterminée, l'assisté puisse devenir un jour propriétaire du sol qu'il aura cultivé et qu'il y fasse souche de bons Français attachés au pays natal. On pourrait même organiser des colonies de ce genre sur certains points de la France où existent d'assez vastes étendues de terrains encore incultes, car on a constaté à l'étranger que, de toutes les colonies agricoles fondées sur ces principes, ce sont celles qui ont pra-

exécutés aux pièces et à un tarif inférieur à celui des ouvriers du rayon industriel.

Le fonctionnement d'un bureau de placement gratuit attaché à la colonie engage ses hôtes à accomplir leur travail temporaire à la satisfaction des contremaîtres qui, sans avoir l'autorisation de leur remettre à leur sortie un autre certificat que celui constatant la durée de leur séjour et portant une autre mention que celle de leur conduite, peuvent néanmoins les recommander verbalement à des artisans ou à des industriels.

liqué le défrichement et la mise en valeur de terrains incultes qui ont le mieux réussi.

Fonctionnement de l'assistance par le Travail

Le système une fois organisé, les Œuvres d'Assistance par le travail, c'est-à-dire les établissements de travail avec leur office de Placement une fois créés, comment fonctionne ce système ? Quel en est le mécanisme ? Comment, au lieu de faire l'aumône, fait-on de l'assistance par le travail ?

Comment peut-on empêcher les abus et notamment le séjour indéfini ou la rentrée constante de certains individus dans les établissements de Travail ?

Pour pratiquer l'assistance par le travail, on remet à l'assisté un bon qui a l'avantage de remplacer sous une forme également tangible la pièce de monnaie donnée communément encore aux valides comme aux infirmes et de rendre ainsi possible et facile même la tâche de tous ceux qui veulent appliquer ce mode d'assistance.

Pour que ce bon ne soit pas négocié et ne fasse pas l'objet d'un commerce, il ne représente par lui-même aucune valeur d'échange et n'est qu'une carte d'admission dans un établissement d'assistance par le travail, mais il doit suffire à lui seul, et sur sa seule présentation, pour ouvrir au porteur l'entrée de l'établissement ; le droit à l'assistance n'est acquis que par l'exécution du travail. Ce bon mis à la disposition des membres des œuvres dans certaines conditions, tend à généraliser l'application de l'assistance par le travail.

Les bons délivrés aux membres des œuvres, portent un numéro d'ordre correspondant à celui de l'adhérent.

De cette façon, le bienfaiteur peut être renseigné sur l'usage fait de son bon, et pousser plus loin, s'il le désire, sa bienveillante intervention en faveur de son protégé.

Les seconds, c'est-à-dire ceux mis à la disposition de tout le monde, sont de véritables bons anonymes payés d'avance aux œuvres. Le donateur étant inconnu, il ne peut savoir si le bon par lui donné a été utilisé, et il ne peut être renseigné sur le compte du solliciteur auquel il l'a remis. Mais que le solliciteur ait fait ou non usage du bon, le donateur aura en toute hypothèse fait œuvre utile. Si le bon a été utilisé, il aura rempli son but, qui est d'assister par le travail; s'il n'a pas été utilisé, il aura servi à augmenter les ressources de l'œuvre qui l'a émis, et, en fin de compte, à favoriser le fonctionnement de l'institution.

En ce qui touche le principe du travail temporaire fourni dans ou par les établissements d'assistance, il est possible, mais pas toujours facile, d'empêcher qu'en fait ces établissements deviennent autre chose que ce qu'ils doivent être, des refuges provisoires pour un travail momentané.

La plupart des œuvres ont pour ce motif fixé un maximum à la durée du séjour et établi un délai de réadmission. Dans un certain nombre d'entre elles la durée du séjour est plus longue et le délai de réadmission plus court pour les habitants de la ville que pour les passagers ou non domiciliés. La durée du séjour est en général fixée à 15 jours environ. Les délais de réadmission sont très différents suivant les localités.

Les *résultats* de l'Assistance par le travail se sont montrés partout très favorables lorsque cette assistance a été donnée conformément aux principes que nous venons d'exposer. Elle a partout rempli son double but : Assistance efficace aux valides temporairement sans ouvrage, lutte contre le vagabondage et la mendicité professionnelle.

Elle a même donné des preuves suffisantes d'efficacité pour que les pouvoirs publics les aient plusieurs fois recommandées depuis quelques années et souvent favorisées de dons ou de subventions.

L'Etat, les départements ou les communes ne doivent pas les organiser ou les faire fonctionner, mais doivent largement favoriser leur organisation et leur fonctionnement. Ce que, par contre, l'Etat doit organiser ce sont des établissements de travail obligatoire, de travail imposé, pour ceux qui refusent tout travail offert et qui veulent vivre aux dépens d'autrui, en véritables parasites de la société et voleurs des vrais pauvres. Ce complément indispensable des établissements privés d'assistance par le travail serait tout créé si on rétablissait dans leur destination primitive les dépôts de mendicité.

COMITÉ CENTRAL DES ŒUVRES DU TRAVAIL

COMPTE-RENDU SOMMAIRE DE SES OPÉRATIONS

DEPUIS SA FONDATION

Le Comité central des Œuvres du travail a été fondé en avril 1891, dans le but indiqué ci-dessus et qui peut se résumer ainsi : *Vulgariser l'idée de l'assistance par le travail, en faciliter et en généraliser la pratique.*

Exercice 1891-1892

Au cours de l'exercice 1891-92, le Comité central s'occupe spécialement de la propagande. Il rédige à cet effet une feuille de propagande qu'il répand à quinze mille exemplaires en employant pour cela « l'assistance par le travail » si bien dirigée par son fondateur M. Mamoz.

Peu après, le 27 mai 1891, une première assemblée générale est tenue au grand Hôtel. M. Jules Simon y prononce un discours-programme des plus importants et plusieurs membres du conseil, MM. Bouloumié, Defert, Grosseteste-Thierry, Paulian, y prennent la parole pour exposer le but de l'œuvre, sa raison d'être, son organisation et ses moyens d'action. La presse, à cette occasion, plaide chaleureusement et unanimement la cause de l'assistance par le travail et fait connaître au public le nom et la chose.

Dès lors, l'opinion est saisie.

Une brochure comprenant un plan général de l'assistance par le travail et ses divers modes d'application et le but spécial du Comité central est tirée à dix mille exemplaires et distribuée à des personnes pouvant s'intéresser à l'idée et à ses applications.

La presse parle de nouveau de l'assistance par le travail et, de la province, arrivent des demandes de renseignements qui sont fournies aussitôt et aboutissent plus tard en certain nombre à l'organisation d'unions d'assistance ou d'établissements d'assistance par le travail.

LE BON GÉNÉRAL mis à la disposition du public et donnant accès dans les diverses œuvres de travail (ayant chacune leur spécialité) au même titre que les bons émis par chacune d'elles, bon à distribuer dans la rue à *tout solliciteur valide*, paraît au Comité le seul moyen de généraliser l'application de l'assistance par le travail, en la rendant aussi facile que l'aumône banale, mais les œuvres se montrent opposées à la création et à la mise en circulation de ce bon.

C'est dans ces conditions que M. Defert entre en campagne pour fonder son union d'assistance par le travail du VIe arrondissement avec l'appui moral du comité central — dont il acceptera le bon — et la promesse d'une subvention de 2,000 francs.

Agence du Comité central

Pendant l'hiver 1892, devant la fréquence des sollicitations et des demandes de renseignements, l'ouverture d'une agence à la mairie du VIIIe arrondissement est décidée. Elle fonctionne jusqu'à la fin de mai.

Notre agent donne de nombreuses recommandations pour les diverses œuvres de travail et de placement et délivre aux solliciteurs des bons de la *maison hospitalière pour les ouvriers sans asile et sans travail*, remboursables par le Comité central ; il fait un certain nombre de placements, la plupart par l'intermédiaire des œuvres spéciales de placement.

Étude et projet de fondation d'une colonie agricole

Au cours de cet exercice, M. Georges Berry porte au conseil une proposition tendant à la fondation d'une colonie agricole de travail libre. Ce projet donne lieu à de nombreuses visites et enquêtes suivies de rapports dont la discussion entraîne une étude approfondie des questions pratiques se rattachant au fonctionnement des colonies agricoles et nécessite de fréquentes réunions qui ne prennent fin qu'en mai 1893.

Le projet est définitivement abandonné à cette époque en ce qui concerne la propriété offerte, à cause des charges imposées par le donateur. Les études préalables très approfondies du Comité ne seront pas perdues pour l'avenir et lui permettront de fournir à l'occasion tous les renseignements nécessaires à une fondation de cette nature.

Ouverture des ateliers de travail du VIe arrondissement et transfert du siège social

En mai 1892, les ateliers de l'union d'assistance par le travail du VIe arrondissement sont ouverts. Le siège social est à ce moment transféré au VI⁰ arrondissement et l'agent de l'union d'assistance devient l'agent du Comité central.

Il peut ainsi soumettre immédiatement les solliciteurs à l'épreuve du travail et de les assister sans retard conformément aux vues du Comité central.

Dans le courant de cet exercice 1892-93, 217 assistés des deux sexes sont admis au travail au titre du Comité central.

Projet de combinaison avec le syndicat de la presse parisienne

En janvier 1893, en présence des misères engendrées par un hiver exceptionnellement rigoureux, le Comité central, après une enquête faite sur la situation du moment des diverses œuvres d'assistance par le travail, convoque spécialement les représentants de celle-ci pour leur demander dans quelles limites ils pourraient étendre leurs services et leur concours au syndicat de la presse parisienne, qui, sur l'invitation du Comité central, décide qu'une large part des fonds à provenir des fêtes ou de la loterie en voie d'organisation, sera affectée à l'assistance par le travail.

Les démarches de la presse n'aboutissent pas, mais ce qui n'a pu être fait alors pourra se faire ultérieurement. L'organisation existe, quelques chiffres seulement seraient à changer.

Le bon d'admission au travail émis par le Comité central au nom du syndicat de la presse, une subvention aux œuvres pour les couvrir des frais résultant de l'extension des services, une indemnité par journée d'assistance pour diminuer les frais d'entretien des assistés entrés au nom du syndicat de la presse, tels sont les trois points essentiels de cette organisation.

Création du bon général émis par le Comité central

La nécessité d'un bon général est, à cette occasion, reconnue et dès lors acceptée par trois œuvres : la Maison hospitalière pour les ouvriers sans asile et sans travail, la Société d'assistance de Batignolles-Monceau, l'Union d'assistance par le travail du VI⁰ arrondissement, et, lors de l'assemblée générale du 20 avril 1893, sa création est décidée.

Ces bons sont immédiatement établis conformément au modèle proposé et mis par carnets de 10, au prix de 1 fr. 50 le carnet, à la disposition des membres du Comité central.

Il est distribué 312 carnets, avec un bon annulé, à titre de spécimen.

Les bons utilisés sont revenus au Comité central avec les indications demandées et ont été remboursés aux œuvres au prix de 1 fr. 50 l'un.

Tout récemment, Mᵐᵉ Ferdinand Dreyfus a bien voulu accepter aux mêmes conditions notre bon pour l'admission dans ses ouvroirs-ateliers pour les femmes, situés : l'un 129 *bis*, rue Saint-Charles, l'autre, 13, rue Cavé.

Nous pouvons dès lors mettre à la disposition des membres du Comité central (en attendant que nous puissions faire de même pour le public) un bon de travail qui, sans être encore le bon général, s'en rapproche autant qu'il est possible actuellement.

Installation du Comité central au siège social actuel

Dès que la création du bon donnant accès dans plusieurs œuvres a été votée, le transfert du siège social dans un local indépendant a été décidé. Il a été alors transporté dans ses locaux actuels, 14, place Dauphine, où la Société générale des prisons nous a donné asile moyennant un prix annuel de location de 600 francs, comprenant le chauffage, l'éclairage et les frais d'agence.

Situation financière

La situation financière de l'œuvre depuis ses débuts peut se résumer ainsi :

      Recettes jusqu'au 30 avril 1893.   7.544 fr. 10
      Dépenses. . . . .   6.994 fr. 55

Sur lesquelles 4.829 fr. ont été dépensés en allocations directes données aux œuvres et publications de propagande en faveur de l'assistance par le travail.

ASSEMBLÉE DU 13 JANVIER 1895

(COMPTE RENDU SOMMAIRE)

Le Comité central des œuvres du travail a tenu son Assemblée générale le dimanche 13 janvier 1895, dans la salle des conférences de l'*Union des Femmes de France*.

M. Jules Simon présidait.

A ses côtés avaient pris place MM. Trarieux, sénateur ; Frédéric Passy, Georges Picot, Ferdinand Dreyfus, le docteur Bouloumié, Lecointe, avocat à la Cour de Cassation, etc.

M. Jules Simon a pris le premier la parole. L'éminent orateur a tenu pendant une demi-heure l'auditoire sous le charme de sa causerie, à la fois si familière et si élevée.

« L'initiative privée, dit M. Jules Simon, est admirable ; chaque jour naissent des œuvres nouvelles ; l'émulation est unanime sur le terrain de la charité. Les laïques rivalisent de zèle et de dévouement avec les associations religieuses. C'est le plus consolant et le plus rassurant des spectacles.

« Parmi ces œuvres, ajoute M. Jules Simon, en est-il une plus utile que l'assistance par le travail ! D'autres se préoccupent des pauvres malades et infirmes. L'assistance par le travail s'adresse aux gens valides, mais malheureux ; c'est l'assistance noble qui relève au lieu d'abaisser, qui moralise au lieu de démoraliser, qui stimule la bonne volonté et le courage des pauvres, et leur apprend à être leurs premiers sauveteurs. »

L'orateur expose et réfute les objections qui ont été adressées à l'assistance par le travail (concurrence au travail normal, résurrection des ateliers nationaux.) De ceux-ci, M. Jules Simon ne pense pas grand bien, mais : « Quel contraste, dit-il, avec nos ateliers de travail ! Chez nous, règnent le bon ordre et la discipline. Nous offrons un travail réel aux ouvriers surpris par le chômage, en attendant qu'ils puissent reprendre leur métier ordinaire ou un autre. Nous ne favorisons pas la paresse, nous la combattons.

« Aide-toi, le ciel t'aidera ; voilà une grande vérité, une maxime salutaire. Aide-toi, disons-nous à l'ouvrier qui chôme. Aide-toi, le ciel, c'est-à-dire l'assistance par le travail, t'aidera. L'Etat est impuissant, aussi bien que les œuvres d'initiative individuelle à assister le malheureux à le relever, s'il ne s'aide lui-même : « Aide-toi, la France t'aidera ».

« L'assistance par le travail accomplit un devoir social ; ses œuvres diverses sont reliées entre elles par le Comité central, et cette union leur donne une force, une vie nouvelles. Depuis un an, j'assiste aux réunions de ce Comité. Je suis témoin de ses efforts, et je constate sa nécessité ; je peux rendre témoignage du bien qu'il fait et de celui qu'il fera. » (*Double salve d'applaudissements*).

DISCOURS DE M. TRARIEUX, SÉNATEUR

MESSIEURS,

. . . .

« ... L'œuvre de l'assistance par le travail me paraît admirablement répondre aux besoins moraux de notre époque, et particulièrement aux nécessités de la vie sociale dans nos grandes cités......

« A mesure que la société se développe, à côté de l'assistance publique et des diverses institutions de la charité privée, l'assistance par le travail était de nos jours le progrès à réaliser.

« Deux idées maîtresses en sont la source inspiratrice.

« D'une part, plus une nation se civilise, moins elle peut tolérer la mendicité vagabonde qui est à la fois, pour elle, une incommodité et un danger.

« D'autre part, la mendicité ne peut être réprimée sans qu'il soit pris souci des misères qui la provoquent, et que l'on ait mis à la disposition des misérables les moyens de ne plus tendre la main......

« N'est-il pas cruel d'assimiler *a priori* à un délit la pauvreté, le chômage, l'impossibilité matérielle de gagner sa vie qui peuvent souvent conduire à la dure extrémité, pour ne pas mourir de faim, de s'adresser à la charité publique ?

« Et quand cette cruauté apparaît visible, criante, n'est-ce pas un besoin impérieux d'équité que d'y trouver un correctif.

« Ce n'est pas un moyen de relèvement après la correction de la loi, qu'il suffit d'offrir à la misère que la privation d'un travail régulier peut quelquefois occasionner, c'est le secours d'une main tendue à temps qu'il faut apporter afin que la misère ne conduise pas fatalement à la mendicité.

« Tel est bien le but de nos œuvres d'assistance par le travail.

« L'organisation si bien commencée doit s'achever, et c'est à l'étendre, à la compléter, à la mettre à la hauteur du but qu'elle poursuit, que s'appliquent, avec un zèle touchant et infatigable, les fondateurs du Comité central qui vous a convoqués aujourd'hui à son assemblée.

« ... On ne saurait borner les formes de la charité et, par respect pour ce qu'elle a pu, dans le passé, faire d'admirable, l'empêcher de modifier ses moyens d'action, pour mieux s'adapter à des nécessités nouvelles.

« On peut dire du mal de notre époque, mais si l'histoire est, un jour, tentée, elle aussi, d'être sévère, il est un point qui devra la désarmer, c'est que jamais, en aucun autre temps, on n'a vu se manifester un désir plus général et plus sincère de donner à chacun sa part, d'associer à la charité l'idée de la justice, de faire prédominer dans les rapports sociaux, le sentiment de la fraternité.

« Quand a-t-on parlé davantage des petits et de ceux qui souffrent ? Quand a-t-on plus donné pour améliorer les conditions de leur vie ? Quand a-t-on fondé plus d'œuvres de bienfaisance, conçu de plus vastes plans d'assistance ?

« Dans cette grande voie, l'institution de l'assistance par le travail tient la tête. Ce qui en marque principalement l'intérêt, pour un centre populaire comme notre capitale, c'est de ne pas abandonner au hasard le soin de distribuer les libéralités dont chacun de nous peut et veut disposer ; c'est de canaliser nos dons pour les employer sous la forme la plus utile et la plus morale ; c'est de faire qu'ils ne profitent qu'à ceux qu'ils ont en vue de soulager.

« Offrir du travail et venir en aide à des malheureux sous la forme d'une rémunération bien acquise c'est, d'abord, enlever à la charité banale, faite au premier passant venu, ce qu'elle a, en soi, d'humiliant et l'on peut dire presque de dégradant ; c'est, ensuite et surtout, écarter de nous tous les professionnels de la mendicité, si nombreux et si difficiles à reconnaître, qui tournent les talons dès qu'on leur propose du travail et ne visent qu'à exploiter les bonnes âmes dont la naïveté se laisse prendre à leurs artifices et à leurs mensonges.

« ....Je ne crois pas qu'un plus pressant appel soit nécessaire pour nous assurer votre concours. Cependant, si vous aviez encore besoin d'un peu de feu sacré, je vous engagerais, en terminant, pour réveiller vos consciences, à porter vos regards sur la vie du philosophe bienfaisant qui est venu présider cette séance. Rien n'a pu abattre chez lui cette foi humanitaire, cette confiance au progrès, cet amour de la Justice qui ont, depuis sa jeunesse jusqu'à un âge avancé, inspiré sa plume ou animé sa parole, et il suffirait pour vous éclairer qu'il passât sur vous un reflet de son âme. Ne l'avez-vous pas retrouvé, tout-à-l'heure, dans l'allocution qu'il vous adressait, toujours vibrant sous les impulsions de ce cœur profond, d'où est un jour sortie l'*Ouvrière*, toujours et plus que jamais convaincu qu'il n'y a de bon dans la vie que ce que nous pouvons faire de bien en la traversant. Ah ! il faudrait vraiment que nous eussions bien besoin qu'on nous donnât la vue des choses intérieures, comme on lui rendait, ces jours derniers, à notre joie infinie, celle du monde tangible, si nous ne nous sentions pas touchés par son exemple ! »

Cet émouvant discours est salué par d'unanimes applaudissements.

RAPPORT DU SECRÉTAIRE GÉNÉRAL, Dr P. BOULOUMIÉ

MESDAMES, MESSIEURS,

« ... Depuis l'Assemblée générale de 1893, le Comité central des Œuvres du travail a, sans relâche, activement poursuivi son œuvre de propagande, d'application et d'étude de l'assistance par le travail. Les représentants de toutes les œuvres d'assistance par le travail ont été convoqués aux réunions mensuelles du Conseil d'administration.

« En dehors d'une étude raisonnée des diverses questions intéressant l'assistance par le travail soulevées au cours du mois écoulé et de la situation de l'œuvre (adhésions nouvelles, nombre de bons distribués et nombre de bons utilisés et remboursés aux œuvres, travail exécuté par les assistés, leur placement, etc.), les points qui ont le plus particulièrement fixé son attention sont les suivants, qu'on peut, pour plus de clarté dans l'exposition, classer sous trois chefs :

« (a) *Moyens de propagande*. (b) *Moyens d'action*. (c) *Questions diverses* concernant l'application de l'assistance par le travail.

Moyens de propagande

« Parmi les *moyens de propagande*, je citerai les communications à la presse, la distribution de nos publications, les conférences et, en second lieu, les enquêtes que nous faisons en ce moment, l'une sur l'assistance par le travail en France, l'autre sur le travail dans les dépôts de mendicité ; enquêtes qui ne sont que la préface d'un congrès en préparation.

« Pour procéder à ces enquêtes, nous avons établi des questionnaires visant les localités dans lesquelles il existe des œuvres d'assistance par le travail et celles dans lesquelles il n'en existe pas ; nous espérons que l'envoi à des personnes compétentes et dévouées, de ces interrogatoires très détaillés et très suggestifs, fera œuvre d'utile propagande pour l'idée et ses applications, et pourra provoquer sur plusieurs points la création d'œuvres nouvelles.

« Poursuivant le double but de venir en aide au travailleur momentanément sans ouvrage que de lutter en faveur des vrais pauvres contre leurs pires ennemis, les mendiants de profession et les vagabonds, nous avons pensé que nous pourrions utilement rédiger une adresse aux conseillers généraux de tous nos départements pour leur demander de seconder les efforts qui seraient tentés en vue de créer ou d'étendre l'assistance et la répression par le travail. Nous avons d'autant plus d'espoir d'être entendus, que les doléances contre le vagabondage se retrouvent à peu près régulièrement dans les comptes-rendus des sessions d'un grand nombre de conseils généraux, que M. le ministre de l'intérieur vient, tout récemment, à la date du 8 novembre, d'adresser aux préfets une circulaire les invitant à favoriser la création et le fonctionnement des œuvres d'assistance par le travail, que, peu après, il envoyait une seconde circulaire, recommandant de supprimer énergiquement le vagabondage et que, de son côté, l'initiative privée, représentée dans la circonstance par la société générale des prisons et la société internationale pour l'étude des questions d'assistance, va faire une tentative très sérieuse et très complète d'assistance et de répression par le travail.

Moyens d'action

« Nos moyens d'action sont matériels et moraux.

Comme moyens matériels, nous avons employé les bons de travail et les subventions.

« Nos moyens d'action, que j'appellerai moraux, ont consisté dans nos démarches pour arriver à fonder ou plutôt à faire fonder, avec notre concours, de nouvelles œuvres d'assistance par le travail, à obtenir pour elles et pour celles qui existaient déjà, des subventions ou des avantages qui nous paraissaient nécessaires soit à leur bon fonctionnement, soit à leur développement.

« A Bordeaux et à Paris, dans le VIIIe arrondissement, nous avons largement contribué à créer l'assistance par le travail.

« L'an dernier, nous avons sollicité le Comité des fêtes franco-russes en faveur des diverses œuvres d'assistance par le travail, et nous avons obtenu pour elles une somme de 15.000 francs que nous avons entièrement distribuée aux œuvres de Paris et de la province, ne gardant pour nous... qu'une partie des frais d'enquête et d'envoi. »

Bons de Travail.

« Notre bon de travail, créé en 1893, conformément à la décision prise à l'Assemblée générale, est mis immédiatement à la disposition des Membres du Comité central.

« Il porte au recto le n° matricule de l'adhérent ; au verso, se trouvent les nom et adresse des divers établissements qui l'acceptent.

« Les bons sont vendus au prix de 0 f. 15 le bon, par série de dix formant un carnet composé de deux feuilles, dont la première porte toutes les indications nécessaires à leur emploi et à la manière de se les procurer, et la seconde dit ce qu'est le Comité central des œuvres du travail et le but qu'il poursuit.

« Ce bon ne devant être remboursé aux œuvres par le Comité central, à raison de 1 fr. 50 l'un, qu'autant qu'il aura été utilisé, nous pensions, d'après l'expérience acquise, n'avoir guère à rembourser qu'un dixième des bons vendus à nos adhérents et distribués par eux et dès lors être suffisamment garantis contre l'aléa d'un changement de proportion par la cotisation de 20 ou 10 francs versée annuellement.

« Bientôt, cependant, il est reconnu, grâce au numéro matricule, qui indique quel a été le donateur des bons, que la distribution des bons faite par diverses personnes, et notamment par des directeurs d'œuvres, obligeant les bénéficiaires à se rendre à l'établissement de travail, sous peine de ne plus leur continuer leur assistance ou leur patronage, ne peut être admise sans conditions spéciales, car elle est ruineuse pour le Comité central qui se trouve obligé, dans ce cas, de rembourser à 1 fr. 50, non plus 1/10 environ des bons vendus à 0. fr. 15, mais la totalité de ces bons.

« Peu après, nous constatons que la proportion des bons utilisés représente notablement plus de 10 0/0 des bons distribués. Le nombre des établissements de travail plus nombreux, et plus à la portée de chacun, par conséquent qu'auparavant, et les errements de certains de ces établissements, qui rémunèrent le travail et assistent par la remise journalière d'une somme d'argent, au lieu de fournir, comme les autres, la nourriture et le logement et seulement un peu d'argent à la sortie, nous paraissent être la cause de cette modification.

« Dès lors, nous limitons à 30 le nombre des bons qui peuvent être acquis par chaque souscription de 10 francs, mais les souscriptions, donnant droit à cette acquisition, sont renouvelables.

« Peu après, nous sommes amenés à limiter au chiffre de 150 le nombre de bons à acquérir par chaque adhérent, quel que soit le montant de sa souscription ou de ses souscriptions successives.

« Voici, en effet, ce que nous avons constaté :

« Le nombre des bons vendus par le Comité central, jusqu'au 1er janvier, a été de 3,960, sur lesquels 1,874 (dont 722 en 1893 et 1,152 en 1894), ont été utilisés et remboursés aux Œuvres aux prix de 1 fr. 50.

« Le nombre des bons demandés par les adhérents a varié de 10 à 410.

« La moyenne a été de 21 pour ceux qui ont distribué de 10 à 100 bons. Six en ont distribué plus de 100, de 120 à 410.

« Sur ces 410, 320 ont été présentés aux œuvres et remboursés par nous.

« Or, sur ces 320 bons, 45 ont été présentés par la même personne. Plusieurs assistés en ont reçu plus de 20.

« Sur 73 bons portant le n° 22, 64 ont été donnés à la même personne.

« Sur 79 bons portant le n° 55, 75 ont été donnés au même solliciteur.

« Il y a eu là une double erreur : Erreur de la part de la personne qui a donné les bons et qui, ne se rendant pas compte que nous ne pouvons et ne devons pas donner du travail d'atelier, mais seulement un *travail d'attente et d'exception*, ont octroyé les bons par dizaines à leurs protégés ; erreur de la part des directeurs d'établissements de travail qui auraient dû refuser ces séjours excessifs ou ces rentrées successives et, à côté de ces erreurs, il y a eu abus de la part des assistés. L'étude faite des bénéficiaires l'a montré.

« En parlant d'abus de la part des solliciteurs, je tiens à mettre en garde nos adhérents contre celui-ci : il arrive souvent qu'un solliciteur s'étant présenté à un établissement de travail où il comptait trouver un secours en argent et non du travail, largement rémunéré cependant, revient chez l'adhérent et lui dit qu'on a refusé de l'admettre. La vérité est qu'il a refusé le travail et qu'on lui a refusé de l'argent, d'où sa mauvaise humeur et ses récriminations.

« Assurément, je ne m'élève pas contre le maintien dans les établissements de travail de certains assistés qui font tous leurs efforts pour trouver un emploi et qui sont prêts à accepter tous les travaux pour reconquérir la liberté par le travail ; je l'approuve, au contraire, et je l'implore pour ceux-ci des directeurs ; mais il est inadmissible que ce maintien puisse s'obtenir par le seul fait de la possession d'un nombre de bons suffisants, car bientôt alors nos établissements de travail seraient des asiles de demi-invalides et de demi-paresseux, habiles à se procurer les moyens d'y entrer et d'y rester et il n'y aurait bientôt plus de place disponible pour les véritables travailleurs temporairement sans ouvrage.

« Le bon de travail assure un travail d'une heure, d'une demi-journée, ou d'une journée, suivant les œuvres à l'assisté qui l'accepte et l'exécute consciencieusement.

« L'admission pour une journée entière est préférable, mais elle est encore insuffisante, surtout pour prendre des renseignements et faire l'enquête, nécessaire pourtant si l'on veut arriver au placement de l'assisté.

« L'assistance devrait lui être continuée au-delà de la limite fixée par le bon, à la condition que le travail s'accomplisse désormais à la tâche (autant que possible), ou tout au moins dans des conditions qui ne soient pas trop onéreuses pour l'Œuvre.

« La plupart des solliciteurs préfèrent, il est vrai, les œuvres où on reçoit à l'heure ou au jour et où l'on paie journellement, au lieu de donner assistance pendant plusieurs jours pour nourriture, logement et vêtement. Mais le désir de ceux qui marquent cette préférence est-il vraiment de trouver un travail régulier ? Pas toujours ! on peut presque dire rarement.

« Qu'on pratique l'assistance en payant sa journée à l'assisté qui a un domicile et une famille, c'est parfait, c'est ainsi qu'il faut faire ; mais qu'on applique ce système à tout venant, c'est dangereux. Nos statistiques nous le montrent.

Modification du Bon.

« De ces constatations et de plusieurs autres bien étudiées dans les réunions du conseil nous est venue la conviction qu'il y avait lieu de modifier les mentions portées sur nos bons.

« Voulant bien marquer que le travail seul donne droit à l'assistance et éviter que les exploiteurs de la charité n'aillent en tous lieux chercher l'aide qu'ils pourraient trouver dans leur arrondissement s'ils étaient réellement intéressants, nous nous sommes arrêtés aux mentions inscrites au bas du bon que voici :

(RECTO)

COMITÉ CENTRAL DES ŒUVRES DU TRAVAIL

SIÈGE SOCIAL, 14, PLACE DAUPHINE, PARIS

N° d'ordre   N° matricule

BON DE TRAVAIL

A PRÉSENTER

DANS L'UN DES ÉTABLISSEMENTS DÉSIGNÉS CI-CONTRE

Délivré à ______________

le ______________

NOTA. — Le travail étant la condition essentielle de l'Assistance, ce bon ne donne droit à une allocation en argent ou en nature, qu'après exécution consciencieuse du travail réglementairement exigé dans l'établissement.

Tout assisté domicilié dans un arrondissement pourvu d'un établissement d'assistance par le travail ne doit, régulièrement, être admis que dans cet établissement.

(VERSO)

ÉTABLISSEMENTS DANS LESQUELS CE BON PEUT ÊTRE PRÉSENTÉ

Maison hospitalière pour les ouvriers sans asile et sans travail, rue Fessart, 36 (travail pour hommes seulement, sans condition de domicile). — Se présenter le matin et au plus tard avant 2 heures.

Société d'assistance par le travail du II⁰ arrondissement (pour assistés domiciliés dans le II⁰ arrondissement), place des Petits-Pères.

Société d'assistance des VIII⁰ et XVII⁰ arrondissements, 17, rue Salneuve (travaux pour hommes et pour femmes domiciliés dans les VIII⁰ et XVII⁰ arrondissements).— Se présenter de 8 h. à 9 h ou de midi à 1 heure.

Union d'assistance par le travail du VI⁰ arrondissement, marché Saint-Germain (travaux pour hommes et pour femmes, sans condition de domicile) — Se présenter de 8 h. à 10 h. le matin ou de midi à 2 heures.

Ouvroirs-Ateliers pour Femmes

Domiciliées dans le IV⁰ Arrondissement, 9, rue Saint-Paul.

    »   »   *XV⁰*   »   *129 bis, rue Saint-Charles.*

    »   »   *XVIII⁰*   »   *13, rue Cavé.*

(Se présenter de midi à 2 heures).

Société d'assistance par le travail de Courbevoie (pour hommes et femmes domiciliés à Courbevoie) (1).

« En ce qui concerne le *placement*, le Comité central persiste à penser que si les œuvres d'assistance par le travail ne peuvent être en même temps une œuvre de placement proprement dite, qu'elles doivent en être l'antichambre et tout faire pour aider au placement de l'assisté.

« Au point de vue du *rapatriement*, il y aurait un intérêt majeur à établir une entente entre les associations amicales départementales et les œuvres d'assistance par le travail. Nous nous y emploierons activement. »

(1) Depuis que ce bon a été établi, il y a été ajouté l'indication de l'établissement de travail pour hommes et pour femmes, ouvert par la Société du XVI⁰ arrondissement rue des Pâtures.

ASSEMBLÉE GÉNÉRALE

DU 15 DÉCEMBRE 1895.

Présidence de M. Jules Simon, président.

Avaient pris place à ses côtés : M. le commandant Meaux Saint-Marc, représentant M. le Président de la République, MM. Cheysson, Georges Picot, Frédéric Passy, de l'Institut, M. Eugène Rostand, M. Ferdinand Dreyfus, vice-président, le Secrétaire général et les Membres du Bureau.

M. Jules Simon ouvre la séance par un admirable discours, maintes fois entrecoupé par les applaudissements de l'auditoire.

DISCOURS DE M. JULES SIMON

MESDAMES, MESSIEURS,

J'ai d'abord à vous faire des excuses pour deux absents dont vous regrettez certainement l'absence aussi vivement que nous : le premier, c'est le soleil qui a, pour aujourd'hui, abandonné l'assistance par le travail. Vous n'en avez, Mesdames, que plus de mérite à être venues, par un temps pareil, entendre les enseignements que nous avons à vous donner sur notre belle œuvre, je dis notre belle œuvre, car je n'ai pas dessein d'être modeste pour elle. Le second absent, c'est M. Paul Deschanel qui était le grand attrait de la séance. C'est un très grand plaisir pour moi, un plaisir un peu vaniteux, de pouvoir vous apprendre que je l'ai autrefois compté parmi mes secrétaires quand il n'était encore qu'un tout jeune homme donnant de très grandes espérances. Il a dépassé les espérances qu'il donnait alors. Il était impossible d'être plus brillant qu'il ne l'était, mais il était possible de devenir plus fort, c'est ce qu'il n'a pas manqué de faire et il est, à l'heure actuelle, une des espérances de la Patrie.

En revanche, nous avons la présence de M. le Commandant Meaux St-Marc qui représente ici la personne du respecté Président de la République. (*Vifs applaudissements.*) Jamais M. Félix Faure ne manque de se faire représenter dans des occasions pareilles à celle-ci et je puis lui rendre le témoignage que quand il n'était encore qu'un adjoint de la Mairie du Havre, il était comme aujourd'hui le protecteur de toutes les bonnes œuvres ; il les protégeait au Havre dans ce temps-là, parce que son rayon d'action n'était pas plus étendu ; à présent il les protège dans toute la France et il s'en acquitte avec le zèle et l'autorité que vous connaissez. (*Applaudissements.*)

Messieurs, vous êtes probablement tous associés à nos tentatives d'Assistance par le travail et j'ai bien peur en prenant ici la parole que celui qui s'est chargé d'exposer les bienfaits de l'œuvre soit moins au courant des faits que ceux qui l'écoutent ; j'en suis bien sûr pour M. le docteur Bouloumié qui est le maître de la matière et pour un autre maître des grandes œuvres d'assistance que nous avons le bonheur d'avoir ici, M. Eugène Rostand, qui fait à Marseille ce que nous tâchons de faire à Paris. (*Applaudissements.*)

Il y a trois grandes villes en France auxquelles je veux tout d'abord rendre hommage : Marseille, où l'on compte un nombre considérable de bonnes œuvres ; Lyon, qui a une vieille réputation dans le monde de l'assistance et où je trouve avec tant de bonheur les noms de plusieurs de mes amis — il faudrait que je les cite tous, mais il y a surtout M. Aynard ; — enfin Bordeaux qui est pour moi une ville de prédilection parce que j'ai eu l'honneur d'être son Député et que je suis resté son ami. (*Applaudissements.*)

Ici à Paris, les œuvres d'assistance se développent et s'augmentent tous les jours. On n'a jamais été plus malheureux, on n'a jamais, non plus, été aussi généreux.

Parmi les malheureux, il y a des révoltés ; ils ont tort de se plaindre. Je suis à présent un vieillard puisque j'ai plus de 80 ans ; il y a longtemps que je m'occupe de toutes ces matières et je crois dire la stricte vérité en affirmant que jamais on n'a fait tant d'efforts pour venir à bout de la misère.

C'est un spectacle émouvant pour ceux qui, comme moi, ne sont plus guère que des spectateurs, de voir d'un côté tant de plaintes amères et de l'autre tant de dévouements généreux ; ne nous en étonnons pas trop. Il est bien naturel que d'un côté on veuille donner et que de l'autre on pense qu'on n'a jamais assez donné. Toutes les fois que nous entendons les misérables, — pour les appeler par leur nom — se récrier, se plaindre, en se laissant aller parfois à des injustices énormes, rappelons-nous, messieurs, que leurs souffrances sont aussi des souffrances énormes et pardonnons-leur beaucoup parce qu'ils souffrent beaucoup. (*Applaudissements.*)

On a dit, messieurs, que l'assistance par le travail signifiait : Suppression de l'aumône. Si vous aviez vécu en 1848, — je vous félicite de n'avoir pas vécu à cette date reculée, mais moi, j'étais déjà Député en 1848, — si vous aviez vécu en 1848, vous auriez entendu de tous les côtés crier contre l'aumône. Beaucoup de gens dépenaillés qui criaient contre l'aumône, après l'avoir injuriée, tendaient la main pour la recevoir. (*Rires.*) Et nous disions tous : — l'aumône qui dégrade, — c'était l'expression consacrée. Dans toutes les professions de foi il y avait le petit paragraphe contre l'aumône qui dégrade. Ce n'était pas parfaitement exact, il n'est pas parfaitement exact de dire que l'assistance par le travail conduit à la suppression de l'aumône. Il n'est pas parfaitement exact de dire que l'aumône dégrade. Ce n'est pas cela, il faut distinguer. Si un homme ou une femme se trouve par une maladie caractérisée dépourvu de travail, non seulement de travail, mais de la faculté de travailler, et s'il n'y a pas à côté de ce malade un parent ou un ami, devant et pouvant le secourir, que voulez-vous qu'il devienne ? Il faut que les bonnes âmes viennent à son secours par l'aumône. Il n'y a aucune difficulté ni à donner ni à recevoir ; au contraire. Celui qui fait l'aumône fait bien, celui qui la reçoit avec un cœur reconnaissant fait bien. Il ne faut pas condamner l'aumône, il faut seulement la mettre à sa place. Ah ! l'aumône devient mauvaise, elle devient dangereuse quand elle s'adresse à une personne valide, parce qu'elle l'habitue à la paresse et l'induit à chercher des moyens de vivre sans avoir besoin de dépenser son activité ; on croit lui faire du bien et en réalité on lui fait du mal ; on avait devant soi un malade ou un misérable et, l'aumône donnée, on a devant soi un paresseux et un pervers. Dans ce cas, l'aumône est mauvaise ; il faut donc distinguer. Il ne faut pas dire que l'aumône dégrade, il faut dire que l'aumône faite au valide le dégrade ; il ne faut pas dire que c'est une faute de faire l'aumône, au contraire, c'est très bien de la faire pourvu qu'on la fasse à propos. La manière de secourir les personnes valides n'est pas de leur donner de l'argent, c'est de leur donner le moyen d'en gagner.

Voilà toute la théorie de l'assistance par le travail ; elle est absolument simple et d'une telle évidence qu'en l'exposant ici je suis un peu embarrassé du rôle que je joue ; je vous dis des choses que tout le monde sait ou doit savoir. Aussi n'est-ce pas pour vous démontrer l'utilité de l'assistance par le travail que j'ai pris la parole, mais pour vous expliquer les difficultés de l'entreprise ; elle semble naturelle, elle est énormément difficile.

Je vous dirai que c'est la difficulté de notre temps, parce que c'est la question des rapports du travail avec le capital et toutes les fois que l'on rencontre cette question, les problèmes qui surgissent deviennent nombreux et effrayants. C'est M. Bouloumié qui devrait dire ce que je vais ajouter, c'est M. Rostand, c'est M. le pasteur Robin, c'est M. Defert, ce sont tous ceux qui mettent, comme on dit, la main à la pâte, ce sont eux qui devraient vous expliquer les obstacles énormes qu'on rencontre quand on veut établir l'assistance par le travail. Ils les ont surmontés ; en tous cas ils les ont bravés et si jamais on parvient à établir complètement l'assistance par le travail c'est à ces précurseurs, c'est à ces pionniers que le monde le devra. (*Applaudissements.*) Ils combattent le bon combat et l'exemple qu'ils donnent vaut mieux que toutes nos paroles.

Il est donc bien entendu que ce que l'on peut faire de mieux pour les pauvres gens, c'est, quand ils sont capables de quelque travail, de leur en donner ; mais ce n'est pas toujours facile. Il faut premièrement qu'ils n'exigent pas le travail, il faut ensuite qu'ils puissent le faire, et il faut enfin qu'ils ne le refusent pas ; tout cela est difficile.

D'abord il est difficile qu'ils ne l'exigent pas. Du moment que vous avez devant vous un pauvre, s'il est un peu aigri il ne manque pas de vous dire : « Je ne demande que du tra-
« vail, je l'aime, seulement votre société est si bien orga-
« nisée qu'il n'y a pas de travail pour moi ; j'ai beau chercher,
« on me repousse partout et cependant c'est mon droit de
« travailler ! Vous êtes tenu de faire travailler votre argent
« afin que je puisse travailler moi-même ; vous n'avez pas
« le droit de garder vos capitaux, les capitaux que vous
« gardez inactifs sont des capitaux que vous me volez ; cet
« argent que vous avez dans vos coffres, il faut qu'à la fin
« de la semaine il soit dans une caisse pour qu'il coule dans
« mes mains. Vous dites que vous n'avez pas de travail à
« donner parce que vous ne regardez que votre intérêt ; vous
« dites : je n'ai pas besoin d'augmenter mes capitaux, je
« n'ai pas besoin de trouver des arrérages plus considérables
« et alors je me donne du repos, je reste tranquille !... Non,
« vous n'avez pas le droit de rester au repos ; vous seriez
« alors un voleur. Vous n'avez une excuse d'être capita-
« liste que si vous êtes le gérant de l'argent employé pour
« le bien de tous. Ce n'est pas pour le produit industriel,
« c'est pour le produit civil, c'est pour le produit charitable,
« comme vous l'appelez, que vous devez employer votre
« argent ; par conséquent l'argent oisif est l'ennemi de
« l'homme oisif qui voudrait travailler. »

Voilà le raisonnement, et ce raisonnement-là apparaît toutes les fois que les questions du capital et du travail sont posées et toutes les fois que les classes — comme on les appelle — sont en présence.

Quand vous venez dans les intentions les plus généreuses et que vous dites : « Il est vrai que je pourrai vivre tran-« quille, m'occuper de mes études, m'occuper de beaux-arts, « voyager, je n'ai pas besoin d'augmenter mon capital, « cependant je veux le faire travailler, — car c'est le mot « propre — ; je veux le faire travailler afin de répandre le « superflu que j'ai et en donner une part à ceux qui man-« quent du nécessaire », le malheureux vous dit : « Ce n'est « pas un don que vous me faites, c'est une restitution, et « même elle est incomplète ; vous me restituez une partie de « ce que vous me devez ; je la prends, je ne vous dois pas « de reconnaissance. »

Voilà la réalité des faits ; elle est très nette. Il est clair que ces malheureux sont dans le faux, parce que si l'on pousse un peu leur doctrine, on trouve sur le champ la négation de deux choses sans lesquelles il n'y a pas de société : la néga-tion de la propriété et la négation de la liberté..... Ils ne s'en cachent pas, ils vous le disent : « Oui, la propriété c'est le vol. » Vous savez bien qui a dit cela le premier ; ce n'est qu'une expression heureuse d'une opinion très malheureuse. J'ai connu Proud'hon, je l'ai beaucoup connu, j'ai vécu avec lui, j'ai été son collègue et je me rappelle une singularité de sa vie : un jour Baroche était à la tribune ; il parlait du com-munisme — on ne parlait guère que de cela à l'Assemblée Constituante, si l'on excepte les affaires qui se présentaient tous les matins. — Quand l'affaire du jour était finie, la grande et éternelle question était la question de la propriété, et Baroche disait : « Les uns sont très forts comme vous, M. Proud'hon, qui dites que la propriété c'est le vol, » et alors Proud'hon lui dit : « Qu'en savez-vous ? » Tout le monde autour de Proud'hon se retourna et lui cria : « Mais c'est vous qui l'avez dit : la propriété, c'est le vol. » « Il faut comprendre ce qu'on dit, répondit Proud'hon ; il faut com-prendre aussi ce qu'on écrit. » Quoique Proud'hon passât pour un bon logicien du communisme, il n'entendait pas toujours ce qu'il disait.

Néanmoins, celui-là était un savant et un laborieux ; il n'était pas de ce groupe de prédicateurs du communisme qui, tout en prêchant de belles doctrines, s'arrangent pour se mettre en dehors des difficultés qu'ils envisagent. Il vivait modestement et simplement, comme un ouvrier ; c'est une excuse que je voudrais bien voir invoquer par tous ceux qui continuent son entreprise.

Voilà donc, Messieurs, la première difficulté que rencon-trent les pionniers de l'assistance par le travail. Il faut qu'en même temps qu'ils guérissent les plaies matérielles de leurs clients, ils guérissent leurs plaies morales, et des deux tâches, je crois que la seconde est la plus difficile. Qu'ils sachent bien que donner du pain à celui qui a besoin de manger, donner un abri à celui qui vit à la belle étoile, c'est faire moins de bien à l'humanité que de guérir cet ulcère moral qui dévore quelquefois les cœurs. Quand on arrive à produire l'apaisement et à faire naître entre les hommes cette chose adorable et charmante qu'on appelle la fraternité, qu'on invoque souvent sans savoir en quoi elle consiste, quand on réussit à la faire naître, à la faire croître, on fait plus de bien aux hommes que si on leur versait toutes les richesses du monde entier.

Messieurs, la seconde condition que doivent remplir les malheureux, c'est de pouvoir faire le travail qu'on leur apporte. Je suppose que je sois un de ces déshérités qui ont besoin qu'on leur donne ou de l'argent, ou du travail. Je me présente chez M. Bouloumié, ou chez M. Rostand, ou chez M. Defert, et je dis : « Donnez-moi du travail. » On me répond : « Certainement ; voilà une maison où on a besoin d'un forgeron, voilà un marteau que vous allez emporter et dans cette maison on vous indiquera une enclume sur laquelle vous frapperez. C'est bien, je prends le marteau, j'essaie de le soulever, mais mes malheureux bras qui n'ont pas été accoutumés à cet exercice et qui à présent ont 80 ans de durée ne viennent pas à bout de triompher de l'outil. C'est comme si l'on n'avait rien fait.

Il faut que celui à qui on donne du travail soit en état de le faire ; mais, messieurs, quels sont les hommes qui sont en état de faire le travail ? C'est d'un travail manuel qu'il s'agit ici, parce que le travail intellectuel, personne ne peut en donner à personne ; il y a peut-être ici des journalistes ; ils savent combien il y a à la porte de chaque journal d'hommes éclairés, capables, intelligents, brillants, qui pourraient faire les plus beaux articles ; mais tous les jours on produirait pour ce journal une centaine d'articles ; il ne peut en insérer que 2 ; il en résulte qu'il n'y a pas de travail pour ces journalistes ; c'est un hasard, un phénomène quand les intellectuels trouvent à s'occuper.

Le travail qu'on va demander à l'assistance publique, c'est le travail manuel. Eh bien ! quels sont les hommes qui savent travailler manuellement ? La plupart des misérables ont essayé de sortir de la condition de l'ouvrier proprement dit ; la quantité de bacheliers qui demandent qu'on les fasse bénéficier de l'assistance par le travail est considérable. Je me rappelle qu'en 1848, dont j'aime à parler toujours, j'avais un ami qui devint chef de la compagnie des Petites Voitures de Paris ; je le nomme, c'était M. Ducoux, il a été aussi Préfet de police. Il me dit un jour : « Vous n'avez pas idée

de la quantité de gens éclairés que j'ai dans mes écuries. »
Il y avait un nombre considérable d'anciens séminaristes, il
y avait des écrivains, il y avait des gens instruits, capables
de tout autre chose que de nettoyer un cheval. Il a failli
m'en coûter la vie : Je demeurais déjà dans ce temps-là au
coin de la place de la Madeleine — voilà plus de 50 ans que
j'y demeure — j'entrepris de me mettre devant le café Durand,
de regarder les fiacres qui passaient pour voir si je distin-
guerais les séminaristes et les bacheliers à l'aspect, et ceux-
ci voyant un imbécile qui restait là, à attendre que les fiacres
lui passent sur le corps, m'envoyaient des coups de fouet, ou
disaient : Ce n'est pas possible, c'est un inspecteur ; qui
est-ce ? (*Rires.*)

Je découvris quelques intellectuels, mais où je fis ma plus
grande découverte, c'est dans les ateliers, et je m'aperçus
que les ouvriers étaient tous dans le secret de chacun ; on
disait : « L'abbé un tel, passe-moi la brosse !... » C'était
un séminariste défroqué. Je conclus de cela que des
hommes qui sont propres à faire un travail manuel ne
sont pas aussi nombreux qu'on pourrait le croire et ceux
qui sont propres à un certain travail manuel ne sont souvent
propres qu'à ce travail-là. Vous aurez par exemple dans une
manufacture de chaussures un très bon cordonnier qui sera
de premier ordre pour faire des souliers, mais si vous n'avez
d'autre besogne à lui donner que de faire de la serrurerie,
c'est comme s'il ne savait rien.

On voit cela dans les prisons, messieurs. Le travail est
obligatoire dans les prisons d'une certaine classe ; quand un
prisonnier vient, on lui dit : « A quoi êtes-vous propre ? »
Généralement il n'est propre à aucun des travaux qu'on fait
dans la maison. Allez voir ce qu'on fait dans les prisons ; le
bruit public c'est qu'on y fait des chaussons de lisière. C'est
vrai, on en fait beaucoup ; on est encore heureux quand on
est chargé de faire des chaussons. Il y a des travaux, par
exemple, comme celui-ci : On donne à un prisonnier un
petit lot de grains de café et on lui dit : « Vous allez passer
votre journée à trier ces grains de café, il y a de mauvais
grains et il y en a de bons ; vous mettrez les bons à votre
gauche et les mauvais à votre droite. » Voilà sa besogne.
Pour cette besogne-là, tout le monde est à peu près en état
de la faire, excepté moi qui ne verrais pas la différence entre
les deux grains de café : mais est-ce là un travail, est-ce là
même une occupation ? Est-ce qu'il n'est pas douloureux de
voir un homme de 40 ans, de 50 ans, peut-être une intelli-
gence de premier ordre, occupé à faire un métier pareil ?

Il y eut un temps où je visitais les prisons assidûment, non
seulement en France mais encore dans les pays étrangers et

je me rappelle avoir vu un prisonnier qui filait. Il avait une quenouille, un rouet, il filait !... Je fus frappé de sa physionomie, et je dis au gouverneur de la prison : « Qui est-ce ? » Il me répondit : « C'est une cause célèbre ! » C'était un capitaine du génie ; il y avait alors 15 ans qu'il était à cet endroit, sur la même chaise, à la même place, au bas d'un escalier et qu'il filait la même étoupe.

Ah ! il y a là des difficultés considérables ! Devant ces difficultés, que font nos amis et nos maîtres ? Ils essayent de créer du travail provisoire : ils font faire à leurs hommes des margotins ; s'ils ont du café, ils le font trier ; ils leur apprennent peut-être à tricoter... en un mot, à faire des métiers qui n'en sont pas. Mais, comme ils sont intelligents, ils ne regardent ces travaux que comme un travail de passage qui durera un jour, deux jours. Ils savent quels sont les ateliers de leur région, ils savent où il y a besoin de bras et d'intelligences : ils dirigent leurs clients et leur font trouver du travail, qui soit un véritable travail, tandis que ces travaux dont je parle sont plutôt la dérision du travail.

C'est là, Messieurs, que se présente la plus grave difficulté. Pourquoi fait-on l'assistance par le travail ? C'est pour défendre la dignité de l'homme et ne pas l'abaisser à la condition de mendiant valide. (*Applaudissements.*)

Mais si on ne lui donne d'autre travail que ce simulacre de travail, il y a une dignité que vous allez blesser, c'est la dignité du travail lui-même. Il n'y a rien de plus grand, de plus noble que le travail !

Nous autres qui vivons dans le monde des idées, nous considérons surtout comme travail, le travail des idées : nous vivons dans un monde dont l'horizon est pour ainsi dire infini, et nous sommes accoutumés, dans notre orgueil, à regarder comme peu de chose l'œuvre péniblement accomplie dans un coin d'atelier par un homme qui n'a que sa force brutale. C'est notre tort et notre faute ; cet homme-là est une force humaine, ce qu'il fait est un travail, ce qui sort de ses mains est un produit, ce produit est une richesse pour l'humanité. L'ingénieur qui invente une machine n'aurait rien fait sans l'ouvrier habile qui la conduit, et par conséquent nous devons respecter le travail dans toutes ses applications et le regarder comme saint et sacré. (*Applaudissements.*)

Il ne faut pas que nous tenions école de mépris pour le travail et que nous disions à un homme : « Je respecte en toi le travailleur », pour passer à une seconde phrase dans laquelle nous dirons : « Voilà des grains de café que tu vas égrener pour savoir quels sont les bons et quels sont les mauvais ».

Je dis donc que la seconde condition que l'assistance par le travail doit remplir est une condition considérable qu'il ne faut pas perdre de vue un seul instant ; il faut que le travail sorte respectable et respecté de l'épreuve.

Il y a encore une condition. Nous avons dit : « Il faut que l'ouvrier n'exige pas le travail » et nous disons à présent : « Il faut qu'il l'accepte ». Je pense que M. Bouloumié vous répétera les plaintes que nous faisons entendre dans toutes les occasions et qu'il vous dira qu'on donne plus de bons de travail qu'on n'en retrouve quand on fait la collecte à la fin du mois. Sur 20 ouvriers auxquels on donne un bon de travail, il n'y en a pas 10 qui vont en user dans l'atelier. Parmi ceux qui vont là et qui s'aperçoivent que la journée n'est pas très agréable et qu'elle n'est pas très profitable, il y en a un très grand nombre qui ne reviennent pas le lendemain.

M. Defert me disait tout à l'heure, que dans le Marché-Saint-Germain où il a établi ses bureaux, on trouve de plus en plus des ouvriers qui sont ouvriers, à qui on donne un bon de travail et qui vont l'y porter, qui non seulement le portent mais qui travaillent, qui reviennent le lendemain : il y en a même qui sont restés pendant plusieurs mois et qui sont devenus de bons ouvriers de la maison, des moniteurs. Eh bien ! Messieurs ! il faut en féliciter M. Defert, c'est un résultat magnifique ; et je crois que nous le devons à son admirable administration et à son esprit de persévérance. Je l'ai vu quand il a commencé, j'ai été une des premières recrues qu'il a faites, il m'a pris au collet, il m'a mené à son Marché-Saint-Germain, il m'a mis des bons dans la main et il m'a initié à ses affaires.

Il y a eu un moment où tout le monde disait de M. Defert : « Il déploie beaucoup d'énergie, beaucoup d'aptitude, d'initiative, et n'aboutit à rien. » On en faisait une objection contre l'assistance par le travail. Plus on a fait d'objections dans ce temps là, plus il faut à présent le remercier d'avoir triomphé de cette difficulté qui est la plus grande de toutes. Il en a triomphé ; donc elle n'est pas invincible, et puisqu'elle n'est pas invincible, l'assistance par le travail peut réussir : par conséquent la pauvreté perverse peut être détruite et du travail peut être donné à tous les hommes de bonne volonté.

Voilà, Messieurs, des faits considérables et constants, qui ne doivent pas nous faire perdre de vue les difficultés avec lesquelles on est tous les jours aux prises. Les bons de travail jetés à terre, les bons vendus, le commerce des bons, l'atelier abandonné. Mon Dieu ! les pauvres gens ! C'est pour n'avoir pas rencontré plus tôt l'assistance par le travail qu'ils ne savent plus travailler ; ils ont des muscles, ils n'ont plus de volonté ! ils ont touché à cette vie de mendicité qui, a des charmes pour certains êtres dépravés ; et, du moment qu'ils y ont touché, ils ne savent plus s'en arracher, ils restent dans cette abjection, ils y languissent. Ce sont pour ainsi dire des joueurs à la loterie ; je ne peux pas m'empêcher de comparer le mendiant à un joueur à la loterie ; le joueur à la loterie est un être qui attend le bonheur du hasard et le mendiant est un être qui attend le bonheur ou la vie des passants. C'est la même chose, c'est la même dépravation morale, c'est le même caractère.

Eh bien ! voilà l'ennemi que nos pionniers, nos maîtres, nos directeurs ont à vaincre. Je vous présente les trois difficultés : la première, c'est le droit au travail qui surgit ; la seconde, c'est l'appropriation de l'ouvrier au travail qu'on lui offre ; la troisième, c'est le refus du travail par l'ouvrier et la domination des mauvais instincts sur les bons.

Quand vous regardez de près ce que l'on a tenté de faire, vous trouvez des ateliers de toutes sortes : ateliers nationaux, ateliers communaux, ateliers généraux... Vous me demandez ce que j'appelle des ateliers généraux ? Je vous dirai d'abord ce que j'appelle des ateliers nationaux ; c'est un souvenir de ma jeunesse, toujours de 1848, dont je suis hanté, parce que ce qui domine la Révolution de 1848, ce sont les conférences de Louis-Blanc au Luxembourg ; tout le reste ce sont des accidents qui se passaient le matin, mais le fond de cette révolution qui dure encore ce sont les conférences de Louis-Blanc au Luxembourg. Eh bien ! le résultat immédiat, ce furent les ateliers nationaux. Vous ne les avez pas vus ; il faut les avoir vus, il faut savoir ce que c'était ; il faut y être allé et avoir vu ces monceaux de sable placés sur un coin du Champ-de-Mars, cette escouade à côté, à laquelle on donnait des brouettes !... On disait à ces hommes : « Voilà une pelle et une brouette, voilà du sable ; vous allez mettre ce sable dans votre brouette, vous traînerez votre brouette jusqu'à ce coin du Champ-de-Mars. Quel avantage y a-t-il à ce que ce sable qui est ici, à droite, se trouve à gauche tout à l'heure ? Aucun, mais vous aurez travaillé et vous aurez droit aux trente sous par jour que vous donne la République. » Ils n'étaient pas passionnés pour ce travail-là, d'autant plus qu'ils savaient que quand ce sable de droite aurait été porté à gauche et que l'opération serait finie, ou on leur supprimerait leur trente sous ou bien on leur ordonnerait de nouveau pour trente sous de prendre le sable qui était à gauche et de le rapporter à droite. (*Rires.*) Alors ils s'asseyaient sur leurs brouettes qui leur servaient de sièges et ils regardaient les passants. Combien de conversations

j'ai faites avec ces pauvres gens assis sur leurs brouettes!
Il faut dire que comme ils savaient que j'étais député, ils
croyaient que j'étais continuellement occupé des ateliers
nationaux et ils avaient l'air de dire : « Regarde un peu
l'ouvrage que nous faisons et à quoi tu dépenses l'argent de
la République. » Quand on parlait de cela à mon collègue
Lalanne, il entrait en ébullition et il donnait des explications
que je prends pour bonnes.

A côté des ateliers nationaux, il y a les ateliers provisoires
que j'appelle les ateliers généraux ; ce sont les ateliers où
on fait tout et où on ne fait rien. Le meilleur mode
d'assistance, c'est le placement.

Les Directeurs de l'Assistance par le travail savent se
tenir au courant de la place ; ils savent ce qu'on fait dans
chaque maison, ils savent ce que chaque maison peu
écouler de produits, ils savent quels sont les ouvriers qu
abondent et quels sont les sortes d'ouvriers qui font
défaut ; ils donnent de bonnes directions et de bons conseils.
Je me rappelle encore mon ami Jean Dollfus, auquel je ne
peux pas penser sans admiration pour tout ce qu'il a fait
et sans douleur pour tout ce qu'il a souffert.

Jean Dollfus était un patriote français si jamais il y en eût,
et quand arriva la conquête, il fut tenté, comme tous les
chefs d'industries françaises, de renoncer à la qualité d'Alsacien
pour garder la qualité de Français, mais ses bonnes œuvres
l'attachaient au sol ; tous les ouvriers, toutes les ouvrières
qu'il avait pris dans la misère, ramassés dans le ruisseau,
auxquels il donnait la vie, tout cela allait se trouver abandonné ! il resta, il souffrit. C'est lui qui, le premier de ma
connaissance, fit de l'œuvre du placement volontaire une
œuvre vraiment scientifique ; cet homme la avait dans
l'esprit la carte complète de tous les recoins de l'Alsace ;
il savait où les ouvriers sans travail pouvaient employer
leur activité, la façon dont ils pouvaient l'y appliquer, et les
conditions qui en résultaient ; un quart d'heure de conver-
tion avec lui était quelquefois le salut d'une vie entière.

Nous avons des œuvres analogues, nous avons l'office
central des institutions charitables de M. Lefébure ; c'est cet
office qui a eu l'honneur de présider dernièrement à l'installation de l'hospitalité du travail pour les hommes fondée
par M. de Lauhespin qui, comme vous le savez, dépense
une fortune de prince et vit comme un étudiant afin de ne
rien voler à ses pauvres. C'est sur sa poitrine que M. le Président de la République a attaché la croix d'officier de la
Légion d'honneur ; il a 84 ans, la Légion d'honneur s'est
souvenue de lui un peu tard, mais mieux vaut tard que
jamais. *(Applaudissements.)* Cette nomination a été

applaudie par toute la France comme elle l'est encore dans ce coin de Paris.

J'ai à peu près terminé, Messieurs, ce que j'avais à vous dire sur l'Assistance par le travail, je ne vous ai pas dit tout ce que je voudrais vous dire, mais je crois vous avoir fait assez comprendre l'extrême difficulté de la mission que nos amis se sont donnée, et mon but aujourd'hui n'est pas de vous gagner à la cause de l'assistance par le travail parce que je sais que vous y êtes tout à fait gagnés, c'est précisément de vous montrer leur œuvre. Je voulais avoir le droit de dire à chacun d'eux qu'on savait le bien qu'ils avaient fait ; ils ne s'en soucient pas. Je ne crois pas que M. le docteur Bouloumié tienne beaucoup aux compliments que je puis lui faire ; il en est de même de M. le pasteur Robin, de M. Rostand et de M. Defert ; je vois encore là M. Cheysson. Si je ne nomme pas d'autres personnes, prenez vous en, Messieurs, à mes yeux qui ne voient pas ; si j'avais encore mes yeux, je suis sûr que je verrais par là, de tous côtés, des personnes qui réclament de moi personnellement un mot de souvenir. Mais bien que je ne les voie pas, je veux dire au nom des souffrants, je veux dire à ces bienfaiteurs de l'humanité qu'ils servent l'humanité comme l'humanité veut être servie ; non seulement ils donnent du pain à ceux qui en manquent, ce qui est une œuvre que le premier venu peut faire en tirant un peu d'argent de sa poche, mais ils donnent du cœur à ceux qui allaient être atteints par la défaillance; ils font une œuvre plutôt morale que matérielle; ils donnent à la France non seulement des outils et du travail, mais l'amour du travail qui vaut mieux que le travail lui-même. Je ne veux pas parler de politique, — ce que nous discutons est bien autrement considérable que la politique, — mais enfin on présente des amendements, on présente des lois, qui ont pour effet, qui auraient pour effet, si elles passaient dans nos codes, de diminuer la possibilité des œuvres privées, qui porteraient atteinte à l'initiative des citoyens. Quelle folie ! Quelle démence ? l'initiative des citoyens atteinte ! Oh, non ! rendons lui donc le nom qu'elle avait dans ma jeunesse, nom que nous adorions, qui a pu faire quelque mal mais aussi tant de bien : la liberté !... Eh bien ! nous demandons aujourd'hui, au nom de l'assistance par le travail, la liberté des bonnes œuvres pour venir au secours des souffrants et secours de la morale.

Non seulement par vos établissements d'initiative privée, vous obéissez à la loi de la liberté, à la loi du progrès, non seulement vous faites du bien à ceux qui souffrent, mais vous faites au pays lui-même l'offrande de toutes ces institu- ions que vous créez. La différence est grande entre un atelier national gouverné par l'Etat et un atelier privé gouverné par MM. Rostand, Defert, Robin ou Bouloumié, parce qu'on sait ce qu'ils font, tandis que quand l'Etat intervient, le pauvre s'imagine immédiatement que l'Etat est à son service, qu'il n'a plus qu'à laisser faire, que c'est l'Etat qui lui donnera la pâtée. Cela est faux, c'est le contraire de ce qui doit se passer dans une société bien organisée; c'est par l'initiative privée, c'est par la liberté, c'est par le bon vouloir des hommes généreux que l'humanité pourra se sauver. Par conséquent, Messieurs, quand nous venons ici, si nous touchons à la politique, que ce soit pour faire de la politique libérale et non pas de la politique oppressive.

On parle de collectivisme, eh bien! faisons du collectivisme; rendons-nous solidaires les uns des autres et que ce collectivisme aboutisse à ce qu'on appelle aujourd'hui la fraternité et à ce qu'on appelait dans ma jeunesse sans en rougir : la charité !... (*Vifs applaudissements.*)

COMPTE-RENDU DES TRAVAUX DE L'ANNÉE

PAR LE D* BOULOUMIÉ, SECRÉTAIRE GÉNÉRAL

MESDAMES, MESSIEURS,

Après l'admirable discours que vous venez d'entendre, je crains d'affaiblir l'impression que vous emporterez de cette réunion en prenant à mon tour la parole, et j'y renoncerais certainement si, comme Secrétaire général, je n'avais à remplir un devoir, celui de résumer devant vous ce qui a été fait au Comité central au cours de l'exercice écoulé. Je dois donc chercher à m'acquitter le plus brièvement possible de ma tâche.

Mais avant qu'il me soit permis d'exprimer à notre cher et vénéré Président les sentiments d'admiration et de reconnaissance de nous tous et de lui dire que quelques profonds, quelques unanimes qu'ils soient, ils ne seront jamais qu'un faible témoignage de ce que nous lui devons pour les services qu'il rend à l'humanité et particulièrement à l'idée philanthropique dont nous nous sommes constitués les serviteurs.

MESDAMES, MESSIEURS,

« Le Comité central des œuvres du travail est, au point de

vue du nombre de ses adhérents, dans la même situation que l'an dernier. Il compte 150 membres environ, mais son activité, je suis heureux de le dire, s'est accentuée et s'accentue de jour en jour davantage. Je dois signaler toutefois que si nos adeptes nous sont restés fidèles, ils sembleraient, à un examen superficiel, avoir un peu abandonné la pratique de l'assistance par le travail. Je constate, en effet, qu'il est demandé généralement moins de carnets de bons que par le passé et que les œuvres en présentent moins à l'encaissement. En cherchant la raison de ce changement, on voit qu'il n'y a pas lieu de s'en alarmer, au contraire, car cette diminution est due à ce que nos adhérents, prévenus par les abus que nous avions signalés, emploient mieux les bons, ne les donnent plus au hasard, à tout venant : invalide ou valide, mendiant professionnel ou ouvrier sans travail ; à ce que les abus, dans les demandes d'admissions aux œuvres payant en argent, ont été en partie réprouvés, grâce au bon vouloir des directeurs de ces œuvres dont quelques-uns ont limité, sur notre demande, les admissions aux habitants de l'arrondissement ; à ce, qu'enfin, les adeptes, convaincus de l'assistance par le travail, sont déjà connus des professionnels de la mendicité qui, sachant bien qu'ils n'obtiendront d'eux autre chose qu'un bon de travail, ne les sollicitent plus. Je ne suis plus, pour ma part, sollicité dans mon quartier et ceux que je fréquente que par des invalides. Il doit en être de même de la plupart d'entre vous.

« Conformément à sa double destination d'œuvre de propagande et d'action, le Comité central a cherché, par tous les moyens en son pouvoir, à répandre l'idée, à multiplier et perfectionner ses applications. C'est ainsi, notamment, que nous avons poursuivi et mené à bonne fin l'enquête que nous avions entreprise sur l'assistance par le travail en France.

« Les tableaux que j'ai l'honneur de vous présenter la résument de manière que chacun puisse être facilement et rapidement renseigné sur ce qui se fait dans les diverses œuvres d'assistance françaises, et que ceux qui voudraient en fonder une y trouvent tous les éléments nécessaires à leur propre instruction et à celle des personnes qu'ils devraient gagner à l'idée et grouper autour d'eux pour la mettre en pratique.

« Ces tableaux comportent une série de rubriques sous lesquelles sont méthodiquement classés tous les renseignements utiles : Tels, la dénomination et l'adresse des œuvres, les noms de leurs fondateurs et présidents, leur destination (pour hommes, femmes, enfants), leurs moyens d'existence (cotisations, subventions, ventes de bons, etc.) ; au point de vue de leur fonctionnement: les diverses conditions d'admission et de séjour ; au point de vue du travail, sa nature, sa durée journalière, sa valeur absolue et relative, l'écoulement des produits, l'influence sur les industries similaires ; au point de vue de la rémunération du travail: le quantum, le mode de paiement, en argent ou bien en logement, vêtement et nourriture ; au point de vue des assistés : leur provenance, leur nombre quotidien moyen et leur nombre annuel, leur placement, leur rapatriement ; enfin, la situation matérielle et morale des œuvres et leurs desiderata.

« Il y a là un ensemble très complet des conditions d'organisation et de fonctionnement des diverses œuvres françaises d'assistance par le travail qui montre notamment que si Paris marche à l'avant-garde avec 23 œuvres, la province en possède 18, dont quelques-unes déjà relativement anciennes et quelques autres organisées spécialement en vue de besoins locaux, toutes présentant un réel intérêt. Nous y voyons de plus, et c'est là une preuve des progrès de l'idée dans la période actuelle, que, sur les 41 œuvres existantes, 9 seulement ont été fondées avant 1890 et 32 depuis.

« Tandis qu'à Paris les œuvres exclusivement ouvertes aux hommes n'atteignent pas le quart de la totalité (5 sur 23, en province, elles atteignent la moitié (9 sur 18) ; au contraire, les œuvres ouvertes aux hommes et aux femmes atteignent, à Paris, presque la moitié (10 sur 23), tandis qu'en province, elles atteignent le tiers seulement (6 sur 18). Quant aux œuvres ouvertes exclusivement aux femmes, elles représentent un tiers environ à Paris (8 sur 23) et un sixième seulement en province (3 sur 18). Autrement dit, alors qu'à Paris 80 0/0 environ des œuvres sont ouvertes aux femmes, en province, celles-ci ne sont admises dans 50 0/0 des œuvres seulement. Ceci résulte, d'une part, des conditions différentes du travail et de l'existence des femmes à Paris et en province et, d'autre part, des habitudes prises en province surtout de secourir les femmes autrement qu'en leur donnant du travail.

« Nos tableaux nous montrent, en outre, que l'admission par *bons* remplace de plus en plus l'admission par recommandation et que le travail à la tâche est pratiqué le plus possible, en province particulièrement, après un temps variable de travail à l'heure ou à la journée constituant une courte période d'apprentissage. C'est là, du reste, une excellente méthode, celle que n'a cessé de recommander spécialement le Comité central, qui voudrait voir le bon procurer à l'assisté son entrée dans l'établissement et payer à l'œuvre son temps d'apprentissage, sauf à voir celle-ci lui laisser continuer le travail pendant un certain nombre de jours au cours desquels il devrait produire de quoi couvrir ses frais de nourriture et de logement. C'est le seul moyen de donner à l'assisté le temps de trouver un travail normal sans imposer à l'œuvre des charges excédant par trop son budget de frais généraux. Plusieurs œuvres limitent la durée de l'assistance à la valeur du bon ou des bons présentés ; d'autres la fixent à deux ou trois semaines sur la présentation d'un seul bon ; d'autres, enfin, la fixent à dix jours pour les étrangers, à 20 pour les habitants de la localité. Tous ces systèmes ont leur raison d'être, aussi ne donnons-nous notre solution que comme une solution de principe.

« La question du placement nous a grandement préoccupé : Par cela même que nous considérons les œuvres d'assistance par le travail comme devant poursuivre plus encore la moralisation de l'individu que la transformation de l'aumône, nous considérons que l'aide au placement de l'assisté est un devoir pour elles et nous ne pensons pas qu'il faille, en général, s'arrêter devant la crainte exprimée par quelques-uns de nos correspondants, de voir affluer vers les villes pourvues d'œuvres semblables, des gens sans travail assuré, sans aptitudes spéciales, sans énergie, avec l'espoir qu'ils trouveront, sans efforts et par les seuls soins de l'œuvre, la vie assurée d'abord, puis une place.

« Cette critique est cependant fondée, je le reconnais et commande la prudence, j'en ai eu la preuve aujourd'hui même ; mais, je le répète, elle n'est pas suffisante pour empêcher les œuvres de faire tous leurs efforts pour ramener leurs assistés dans la voie normale : celle du travail régulier. Il faut seulement les bien pénétrer de ce grand principe que développait si magnifiquement ici même, l'an dernier, notre président : « Aide-toi, le ciel t'aidera », et il faut leur fournir le moyen de s'y conformer, leur donner le temps de chercher un emploi, en même temps que les renseigner, les encourager, les aider, les vêtir décemment, etc., etc.

« Mais, malgré tout, que de difficultés, que de déboires pour ceux qui poursuivent cette tâche ! Leurs assistés, à part quelques rares exceptions, sont des insuffisants, des individus sans énergie, sans volonté, des engourdis, des découragés, des faibles d'esprit ou de corps, des paresseux de naissance ou d'habitude, quelquefois des convalescents dont la maladie a causé la misère ! Que peuvent-ils par eux-mêmes ? Pas grand chose, car si vouloir c'est pouvoir, il faut pouvoir, vouloir, et ils sont le plus souvent incapables même de volonté ! Mais aussi quelle tâche plus belle et plus noble que celle de ces hommes de bien qui se font les éducateurs et les tuteurs de ces êtres faibles, qui les soignent, physiquement et moralement, qui soutiennent leurs efforts chancelants pour rentrer dans la voie, qui réhabituent leurs mains à tenir un outil et à le manier et qui vont, de porte en porte, mendier pour eux du travail (eux qui protestent et qui luttent contre la mendicité !) et qui, les ayant placés, s'efforcent de rester en relations suivies avec eux ou avec leurs patrons, dont ils ne reçoivent pas toujours des remerciements ou des compliments. A ceux-là, nous tous, qui poursuivons un idéal, nous disons merci de tout cœur et nous ajoutons : vous accomplissez votre tâche toute entière ; vous faites dans votre sphère tout le bien qu'on peut attendre de l'assistance par le travail.

« En raison même des difficultés d'existence inhérentes au recrutement des assistés et à leurs faibles qualités comme travailleurs, toutes les œuvres sont dans une situation financière médiocre ; toutes, ou peu s'en faut, espèrent à ce sujet les mêmes doléances, les mêmes desiderata. Elles demandent le concours pécuniaire de l'Etat, des départements ou des communes et nous prient généralement d'insister auprès des pouvoirs publics pour que des œuvres, que l'Etat juge utile, puisqu'il a contribué à les créer en leur créant une subvention de fondation, ne soient pas laissés, dès lors, sans secours de sa part ; une petite subvention de fonctionnement devrait être le complément de la subvention de fondation, disent avec raison nos correspondants. Les œuvres pourraient ainsi faire beaucoup plus de bien qu'elles n'en font, cela n'est pas douteux, car leurs ressources se trouveraient augmentées et par la subvention et par les dons et souscriptions que celles-ci ne manqueraient pas d'entraîner.

Parallèlement à notre enquête sur les œuvres existantes d'assistance par le travail, nous en avons poursuivi une autre sur la possibilité et l'utilité de la fondation d'œuvres semblables dans les principales villes de France. De celle-ci, il résulte que, dans 18 villes, l'organisation d'une œuvre d'assistance par le travail serait utile, possible et bien accueillie des autorités et de la population. Nous nous sommes empressés de leur adresser nos documents et de nous mettre à leur disposition pour les seconder dans leurs tentatives.

« Dans beaucoup de villes, des ateliers de charité pratiquent une sorte d'assistance par le travail durant la mauvaise saison particulièrement. Quelques-unes supportent même, de ce chef, des dépenses énormes qui suffiraient largement à l'installation et au fonctionnement d'un établissement permanent d'assistance par le travail. Nous chercherons à y faire prévaloir celle-ci.

« Pour en finir avec ce qui a trait à nos enquêtes (je ne parle pas de celle qui est encore en cours sur le travail dans les dépôts de mendicité, j'ajouterai que les tableaux qui les résument, ont figuré à l'exposition de Bordeaux (section d'économie sociale) et qu'ils ont valu au Comité central un diplôme d'honneur, la récompense la plus élevée donnée à une œuvre d'assistance, et qu'un certain nombre des œuvres qui avaient exposé, par son intermédiaire, leurs documents et leurs produits, ont obtenu des récompenses.

« Pour faire œuvre d'utile propagande, nous avons envoyé nos tableaux à toutes les sociétés d'assistance par le travail, à tous nos correspondants et nous les tenons à la disposition de tous ceux qui voudraient fonder une œuvre du travail. Nous les offrons, de plus, à tous les membres des conseils généraux que ces questions pourraient intéresser et qui nous en feraient la demande.

« La publication de cette enquête et le concours que nous avons donné aux œuvres à l'occasion de l'exposition de Bordeaux, ont lourdement grevé notre budget ; nous n'avons à le regretter que parce que ces dépenses nous ont forcé à restreindre notablement nos libéralités ; aussi nos subventions aux œuvres sont-elles peu importantes cette année.

« Au cours de l'hiver dernier, à l'occasion des froids excessifs survenus en février, le Comité central a voté un don de 1.200 bons de travail aux trois grandes œuvres de fourneaux : Société philanthropique, Société de Saint-Vincent-de-Paul, Bouchée de pain, avec recommandation de les donner exclusivement à des individus valides des deux sexes, se disant sans ressources faute de travail et de ne les distribuer que progressivement, afin d'éviter l'encombrement possible des ateliers. Les froids ayant assez promptement cessé, 600 bons seulement ont été distribués. A la date du 8 novembre, plus de 50 ont été présentés à la maison hospitalière de la rue Fessart, sur lesquels 36 seulement ont été utilisés ; les porteurs des autres ayant refusé de se soumettre au travail ou aux conditions de l'assistance imposées par les règlements. Des porteurs des 36 bons utilisés, 16 se sont mis au travail mais n'y ont pas persisté en général ; un seul était un véritable ouvrier sans travail qui a bien travaillé et qui a donné toute satisfaction.

« Plus heureuse que la maison hospitalière, l'œuvre du Marché Saint-Germain, qui n'a recueilli que 6 porteurs de bons (il ne s'en est pas présenté davantage), s'est trouvée en présence de quelques hommes de bonne volonté, dont 3 ont pu être placés et 1 rapatrié.

« A l'établissement de travail de la rue Salneuve, il a été présenté 42 bons. A l'Assistance par le travail du II⁰ arrondissement, il en a été présenté 11. A l'atelier de travail de la rue des Pâtures (XVIᵉ arrondissement), 9. Aux ouvroirs-ateliers pour les femmes, 34, soit en tout 138 bons présentés sur 600 distribués.

« Nous avons renouvelé, cet hiver, cette expérience et pour mieux en apprécier la portée, nous avons, d'ores et déjà, envoyé nos bons aux Sociétés de fourneaux et leur avons recommandé d'y apposer leur timbre spécial. Nous vous informerons, lors de notre prochaine assemblée générale, des résultats obtenus qui pourront alors être considérés comme définitifs, du moins pour la période actuelle.

« Dans nos séances mensuelles, nous nous sommes attachés à l'étude de toutes les questions intéressant l'assistance par le travail et nous avons, plusieurs fois, pour les étudier de plus près, convié à nos réunions tous les directeurs des œuvres parisiennes qui la pratiquent.

« Nous étudions même, en ce moment, pour donner plus d'ampleur à nos discussions et faire œuvre utile de propagande, l'organisation d'un congrès national de l'assistance par le travail, qui serait la préface d'un grand congrès international;

« En vue de faciliter le rapatriement et le reclassement de ceux de nos assistés qui ne peuvent vivre à Paris que mendiants ou misérables, tandis qu'ils pourraient vivre de leur travail à la campagne, nous étudions aussi un projet d'entente avec les nombreuses associations amicales départementales ou régionales qui siègent à Paris. Nous espérons, grâce à elles, pouvoir associer l'assistance aux travailleurs à l'assistance par le travail proprement dite et augmenter ainsi, dans une large mesure, les bienfaits de celle-ci.

« Dernièrement, pour renseigner M. le Président de la République sur l'état de l'assistance par le travail en France et l'intéresser à ses progrès, nous avons sollicité de lui une audience qu'il a bien voulu nous accorder aussitôt et, pour lui permettre de mieux apprécier les efforts faits par les œuvres parisiennes, nous avons prié leurs présidents ou représentants de se joindre à nous. Présentés par notre vénéré président, M. Jules Simon, nous avons trouvé auprès du Chef de l'Etat l'accueil bienveillant que nous assurait sa sollicitude pour tout ce qui intéresse le sort des travailleurs et des malheureux et, de plus, de précieux conseils et de chaleureux encouragements à continuer notre œuvre, à la développer, à en faire de plus en plus un centre de renseignements sur tout ce qui intéresse l'assistance par le travail et de relations entre les œuvres qui la pratiquent.

« Enfin, pour témoigner de l'intérêt qu'il porte à l'assistance par le travail, M. le Président de la République a bien voulu se faire représenter à notre réunion. Que son digne représentant, M. le commandant Meaux Saint-Marc, veuille bien lui porter nos remerciements avec l'expression de notre sincère reconnaissance.

« J'ai dit un mot des progrès de l'assistance par le travail en France, en montrant qu'il s'est créé 32 œuvres depuis 1890. J'ajouterai que, tout particulièrement, cette année, les conseils généraux se sont occupés de la question et que plusieurs d'entre eux ont promis leur concours effectif aux œuvres qui se fonderaient dans leur département. Je citerai notamment la fondation toute récente de l'assistance par le travail à Epinal sous l'inspiration et avec l'appui du conseil général des Vosges.

« Les pouvoirs publics ont, par le décret du 15 novembre 1895 pour l'organisation de l'assistance à domicile à Paris, établi, article 28, que : « Les bureaux de bienfaisance sont autorisés à s'entendre avec les sociétés d'assistance par le travail à l'effet de substituer, autant que possible, les secours en travail aux secours en argent. » C'est là un grand pas fait dans la voie dans laquelle nous cherchons à entraîner les administrations comme les personnes charitables.

« Le Conseil supérieur du travail, poursuivant ses études sur les travaux de secours contre le chômage, a pris en grande considération les efforts faits par les œuvres d'assistance par le travail et fait publier, en forme de brochure, les résultats de notre enquête.

« Nous ne pouvons que nous applaudir de cette série de manifestations qui témoignent de l'intérêt toujours croissant que, de tous côtés, on attache à l'assistance par le travail et à ses progrès. Nous y trouvons un précieux encouragement à continuer notre active propagande, assurés que nous sommes de faire le bien et de susciter de nombreux imitateurs. »

ALLOCUTION DE M. EUG. ROSTANG

Dans une brillante improvisation, M. Eugène Rostand, l'économiste distingué, fondateur de l'établissement d'Assistance par le travail de Marseille, qui, sur l'invitation du président, veut bien prendre la parole, montre d'abord combien il est plus difficile à l'Etat, aux départements ou aux communes, qu'aux œuvres privées, de pratiquer l'assistance. Les documents récemment adressés à l'Office du travail en témoignent une fois de plus.

L'Assistance par le travail de Marseille a réussi, par le bien qu'elle a fait, à s'imposer à l'opinion publique et même à désarmer les critiques acerbes du Conseil général des Bouches-du-Rhône, qui a fini par accorder à cette œuvre une subvention et a demandé qu'un représentant de la Société vînt siéger dans la Commission chargée d'étudier la question de la mendicité et du vagabondage.

Le travail des femmes assistées à domicile a particulièrement bien réussi.

M. Rostand estime qu'il n'est pas bon d'hospitaliser les assistés, de trop s'occuper de leur placement, en d'autres termes de les mettre en quelque sorte en tutelle, dans la crainte de voir diminuer l'énergie de l'individu pour la recherche du travail. Le bon d'une heure tel qu'il a été créé dès le début paraît vraiment répondre, à Marseille, aux besoins des travailleurs.

M. Rostand proclame l'utilité du Comité central en insistant sur l'aide qu'il peut prêter aux œuvres de province pour la défense de leurs intérêts et l'augmentation de leurs ressources.

L'orateur, en terminant, montre dans une éloquente péroraison, que l'assistance par le travail n'élimine en rien l'idée sainte et sacrée de la charité.

RAPPORT FINANCIER DE 1894-1895
PAR M. LECOINTE, TRÉSORIER

RÉSUMÉ

Total des recettes au 15 décembre 1895.   7.819 fr. 90
Total des dépenses.. . . . .   6.115 fr. 05

Différence en plus . . . .   1.704 fr. 85

A ces 1.704 fr. 85 d'excédent, il convient d'ajouter comme encaisse les 3.110 placés en rente 3 0/0.   3.100 fr. »

       Total. . . . .   4.804 fr. 85

En caisse le 15 décembre 1895.

NOTA. — *Pour tous renseignements concernant le Comité central des Œuvres du Travail, l'Assistance par le Travail, écrire au Secrétariat général du Comité central, 14, place Dauphine, à Paris.*

Le Comité central des Œuvres d'assistance par le travail tient à la disposition de toute personne désireuse d'être renseignée sur l'organisation et le fonctionnement de ces Sociétés, les documents qu'elle a recueillis et notamment ceux qu'elle a réunis sous forme de tableaux. Ceux-ci sont vendus au public au siège social, au prix de 2 francs la série (les 5 tableaux résumant tout ce qui se fait en France en matière d'assistance par le travail).

STATUTS

ARTICLE PREMIER. — L'Association ayant pour titre : « Le Comité central des Œuvres d'assistance par le travail, Société de propagande et d'action » est constituée dans le but :

1° De vulgariser l'idée de *l'assistance par le travail*, d'en généraliser les applications et d'en déterminer les moyens pratiques ;

2° De favoriser le développement des œuvres d'assistance par le travail qui fonctionnent régulièrement ;

3° De favoriser la création, dans divers quartiers de Paris qui en sont dépourvus *et dans les départements*, de nouveaux établissements de travail en s'inspirant de ceux qui ont déjà fait leurs preuves ;

En laissant à chacune de ces œuvres son nom et sa complète autonomie.

ART. 2. — La Société se compose de membres fondateurs, titulaires, honoraires, et de bienfaiteurs, donateurs, membres d'honneur et membres correspondants.

Les *membres fondateurs* sont ceux qui ont concouru à l'organisation de l'Association jusqu'au jour de sa constitution définitive.

Les *membres titulaires*, sont ceux qui, ayant été nommés postérieurement à cette date, participent activement aux travaux de la Société. Ils sont nommés par le Conseil d'administration, sur la présentation de deux membres parmi lesquels un membre fondateur.

Les *membres honoraires* sont ceux qui, voulant soutenir la Société de leurs cotisations, plutôt que de leur coopération, versent la cotisation annuelle ou la somme la rachetant, mais ne se font pas inscrire pour prendre part à ses travaux.

Les *membres bienfaiteurs* sont ceux qui font à la Société, avec ou sans destination spéciale, un don de 500 francs au moins.

Les *donateurs* sont ceux qui font un don à la Société.

Les *membres d'honneur* sont désignés à l'élection par le Conseil d'administration.

Les *membres correspondants* sont nommés par le Conseil d'administration sur la présentation de deux de ses membres.

ART. 3. — Les membres fondateurs, titulaires et honoraires paient une cotisation annuelle dont le minimum est fixé à 10 francs et qui pourra être rachetée par un versement, en une ou deux années, d'une somme de 200 francs.

ART. 4. — Le Conseil d'administration se compose de vingt membres au moins et de trente au plus, élus pour trois ans en assemblée générale et renouvelables par tiers annuellement Les membres sortants sont désignés par le sort pour le premier et deuxième renouvellement, puis par ancienneté. Ils sont rééligibles.

Il est tenu procès-verbal des séances. Les procès-verbaux sont signés par le président et le secrétaire.

ART. 5. — Le Conseil choisit parmi ses membres un président, deux vice-présidents, un secrétaire général, un secrétaire général adjoint-archiviste, deux secrétaires des séances au moins et un trésorier, qui constituent le bureau.

Le Bureau est élu pour un an.

ART. 6. — Le trésorier représente la Société en justice et dans tous les actes de la vie civile.

ART. 7. — Toutes les fonctions de l'Association sont gratuites.

ART. 8. — Le Conseil d'administration désigne les fondateurs, directeurs où délégués d'œuvres d'assistance par le travail rentrant dans la catégorie de celles dont il est parlé dans l'article 1er, pour constituer auprès du Bureau le *comité technique consultatif*.

Ce comité pourra s'adjoindre, d'accord avec le Bureau, telles personnes qu'il jugera convenable.

ART. 9. — Sous la direction du Conseil d'administration fonctionnent plusieurs commissions : de propagande, d'études, etc., etc., composées de

membres fondateurs ou titulaires. Ces commissions sont chargées spécialement des rapports à faire en séance générale sur les sujets mis à l'ordre du jour.

Art. 10. — La Société se réunit en assemblée générale au moins une fois
par an, sur convocation portant l'ordre du jour de la séance. Dans une de ces
assemblées a lieu le renouvellement du Bureau et l'approbation des comptes.

Le Bureau du Conseil est de droit celui de l'assemblée.

Art. 11. — Le Conseil se réunit au moins six fois par an, sur la convocation
du Bureau.

Art. 12. — Le Bureau est spécialement chargé de veiller à ce que, sans
autorisation, aucune œuvre ne puisse se prévaloir de l'appui ou du nom de la
Société.

Art. 13. — Les travaux de la Société seront, autant que possible, publiés et
tous ceux qui seront de nature à généraliser l'idée de l'assistance par le travail
seront aussi largement répandus que les ressources de la Société le permettront.

La publication de ces travaux se fera sous la direction d'un comité de publication formé du Bureau et de trois membres du Conseil d'administration.

Art. 14. — Les ressources de la Société se composent :

1° Des cotisations ;

2° Des dons, subventions et souscriptions publiques ;

3° Du produit des conférences, fêtes, publications et autres ressources
obtenues à titre exceptionnel ;

4° Du revenu des biens de toute nature.

Art. 15. — Les fonds disponibles seront placés en rentes nominatives 3 0/0
sur l'Etat ou en obligations nominatives de chemins de fer dont le minimum
d'intérêt est garanti par l'Etat.

Art. 16. — En cas de reconnaissance d'utilité publique, les délibérations
relatives aux acceptations des dons et legs, aux acquisitions et échanges
d'immeubles sont soumises à l'approbation du gouvernement.

Art. 17. — Les délibérations relatives aux aliénations, constitutions d'hypo-
thèques, baux à long terme et emprunts ne sont valables qu'après l'approbation par l'assemblée générale.

Art. 18. — Les dépenses de la Société comprennent :

1° Les dépenses de fonctionnement, frais de bureau et autres ;

2° Les frais de publication et autres en vue de la vulgarisation de l'idée et
de la généralisation de ses applications ;

3° Les sommes à distribuer aux établissements de travail déjà existants
pour leur faciliter le développement reconnu nécessaire par la Société, après
examen de leur situation morale et financière et de leurs besoins dûment justifiés;

4° Les sommes à consacrer à la fondation de nouveaux établissements de
travail.

Art. 19. — Les moyens d'action de la Société sont :

1° Les publications faites en son nom, avec son autorisation, pour vulgariser
l'idée de l'assistance par le travail;

2° Les conférences faites dans le même but par ses membres ou par des
conférenciers désignés par elle ;

3° Les allocations de subsides soit pour créer, soit pour développer les
œuvres de travail à Paris et dans les départements.

Art. 20. — La Société s'interdit toute discussion étrangère à son but spécial.

Art 21. — Un règlement intérieur, arrêté par le Conseil, déterminera les
dispositions de détail propre à assurer l'exécution des présents statuts.

Art. 22. — La dissolution ne pourra être prononcée que par une assemblée
générale extraordinaire, convoquée à cet effet, et à la majorité des membres
présents, cette majorité devant toutefois être au moins égale au tiers des
membres fondateurs et titulaires.

Les ressources de la Société, au moment de la dissolution, ne pourront être
attribuées qu'à des œuvres d'assistance, soit publique, soit privée, les clauses
spéciales stipulées par les donateurs en prévision de la dissolution étant
scrupuleusement respectées.

Issoudun. — Imprimerie et Stéréotypie A. Gaignault.